Berliner Kleist-Blätter 1

Stroemfeld / Roter Stern

Die **Berliner Kleist-Blätter** erscheinen jeweils mit Bänden der von
Roland Reuß und Peter Staengle herausgegebenen Berliner Kleist-Ausgabe;
sie sind nicht separat erhältlich.
Berliner Kleist-Blätter 1 sind im Sommer 1988 mit dem zuerst erschienenen
Band der Berliner Kleist-Ausgabe (II/4 Die Verlobung in St. Domingo) herausgekommen (ISBN 3-87877-352-8).

Berliner Kleist-Blätter 1
Copyright © 1988 Stroemfeld/Roter Stern
CH-4007 Basel · Oetlingerstr. 19
D-6000 Frankfurt am Main · Holzhausenstr. 4
Alle Rechte vorbehalten.
Gesamtherstellung: Fuldaer Verlagsanstalt
Printed in W. Germany
Bitte fordern Sie unsere kostenlose Programminformation an!

> ... wenn ich sogleich selbst an den Möwenweiher hinausginge, und die Gesellschaft, noch vor Anbruch des Tages, in die Niederlassung einführte; wenn man Alles, Herrschaft und Dienerschaft, in einem und demselben Gemach des Hauses unterbrächte, und, für den schlimmsten Fall, etwa noch die Vorsicht gebrauchte, Thüren und Fenster desselben sorgfältig zu verschließen?

Roland Reuß
»Die Verlobung in St. Domingo«
– eine Einführung in Kleists Erzählen

Für Gerhard Buhr

> – Womit aber ... den Anfang machen in einer »Einführung«? Mit einer Frage? –
>
> Sieh, eben hat es sich entschieden. Und so führt es sich selbst ein, wird »empfangen und gebohren«.

Brüche / Titel / Syntax der Fremde / Und Übergänge

Die folgende Lektüre der »Verlobung in St. Domingo« bemüht sich darum, dem befremdlichen Fortgang der in dieser Erzählung ausgebildeten Sprache – so unbefangen wie nur möglich – einige Schritte weit zu folgen. Tatsächlich dürfte es keinen einzigen Satz Kleists geben, der *nicht* gegen eine bestimmte eingespielte Erwartung des Lesers gesetzt ist. Wenn die frühe Aufnahme der Texte Kleists allein an deren offensichtlichen Verstößen gegen Tabus des Gesellschafts- und Sittenkodexes Anstoß nahm,[1] so hat sie sich nur durch die äußerlichste Seite seines Werkes befremden lassen. Die kritische und eigentlich provozierende Kraft seiner Prosa liegt jedoch nicht allein, nicht einmal vorwiegend, in einer *unmittelbaren* Wendung gegen das Bestehende. Das Zentrum ihrer Stärke hat sie vielmehr im Bereich der Kommunikation, den sie selbst in sich eröffnet und in den sie sich mit dem Leser hineinbegibt.[2] Hierüber und hiervon

---

[1] Sowohl der erste als auch der zweite Teil der »Erzählungen« passierte in Wien 1810/12 wegen moralisch anstößiger Passagen nicht die Zensur: »Als der Wiener Zensur 1810 der erste Teil der Erzählungen vorlag, beantragte der Zensor Retzer ein unbedingtes Verbot, das von der Zensurhofstelle mit dem Bemerken genehmigt wurde, daß deren Gehalt, wenn auch nicht ohne Wert, doch die unmoralischen Stellen nicht vergessen machen könne, welche besonders in der Erzählung „Das Erdbeben von [!] Chili" vorkommen, deren Ausgang im höchsten Grade gefährlich sei. Ebenso wurde 1812 der zweite Teil der Erzählungen verboten, wegen der wiederholt vorkommenden Stellen, die sehr auffallend seien und alles Zartgefühl beleidigten.« (Carl Glossy, *Kleine Mitteilungen,* H. v. Kleists Erzählungen, in: Jb. d. Grillparzer-Ges. 33 [1935], 151 f.; zit. nach Helmut Sembdner [Hg.], *Heinrich von Kleists Nachruhm,* Eine Wirkungsgeschichte in Dokumenten, München 1977, Nr. 646, 620 f.).

[2] Auf den Stellenwert der Kommunikationsproblematik in Kleists Werk hat zuletzt Walter Müller-Seidel in seinem Nachwort zu der Reclam-Ausgabe der »Sämtlichen Erzählungen« (Stuttgart 1984) hingewiesen (vgl. insbes. 322 ff.) – freilich nur unter Hinweis auf die Stoffschicht der Texte.

gibt »Die Verlobung in St. Domingo« von allen poetischen Texten Kleists vielleicht am beredtesten Auskunft.³

Der erste Eindruck, den man bei der Lektüre dieser Erzählung gewinnen kann, ist der einer erstaunlichen Inkohärenz im Erzählmaterial.⁴ So spricht Kleists Text etwa gleich eingangs davon, der Neger Congo Hoango habe »sämmtliche zur Besitzung gehörige Etablissements der Erde gleich gemacht«,⁵ woraufhin dann aber noch im selben Abschnitt umstandslos gesagt wird, er bewohne »das Hauptgebäude der Pflanzung«.⁶ Mindestens ebenso »anstößig« für jemanden, der gewohnt ist, in Kleist den »Realisten« zu sehen, ist, daß Toni, die »funfzehnjährige [...] Mestize«, ungefähr zehn Jahre nach dem Zeit-

BKA II 4,9

BKA II 4,9

BKA II 4,36

BKA II 4,9

---

3 Den Text von Kleists »Die Verlobung in St. Domingo« zitiere ich im folgenden nach der Seiten- und Zeilenzählung von Bd. II 4 der *BKA* (= H. v. Kleist, *Sämtliche Werke*, Berliner Ausgabe, hg. v. Roland Reuß und Peter Staengle, Ffam. 1988 ff.). Andere Ausgaben werden zitiert mit den Siglen: (a) *E: Erzählungen. Von Heinrich von Kleist. Zweiter Theil. Die Verlobung in St. Domingo. Das Bettelweib von Locarno. Der Findling. Die heilige Cäcilia, oder die Gewalt der Musik. (Eine Legende.) Der Zweikampf. Berlin in der Realschulbuchhandlung, 1811*; (b) *SW [ed. Sembdner]*: Heinrich von Kleist, *Sämtliche Werke und Briefe*, hg. v. Helmut Sembdner, 2 Bde., München ⁸1985; (c) *SW [ed. Streller]*: Heinrich von Kleist, *Werke und Briefe in vier Bänden*, hg. v. Siegfried Streller in Zusammenarbeit mit Peter Goldammer und Wolfgang Barthel, Anita Golz, Rudolf Loch, Ffam. 1986; (d) *WW [ed. Schmidt]: H. v. Kleists Werke*, Im Verein mit Georg Minde-Pouet und Reinhold Steig hg. v. Erich Schmidt, Kritisch durchgesehene und erläuterte Gesamtausgabe, 5 Bde. Leipzig u. Wien o.J. (1904/06). Die »Berliner Abendblätter« werden von mir nach dem Reprint (Wiesbaden 1980) des von Georg Minde-Pouet 1925 herausgegebenen Faksimiles mit Jahrgang und Seitenzahl (Sigle: *BA*) angeführt.
4 Ältere Interpreten notieren das noch unbefangen als Mängel der dichterischen Qualität der Texte, vgl. insbesondere Kurt Günther, *Die Konzeption von Kleists »Verlobung in St. Domingo«, Eine literarische Analyse*, in: Euphorion 17 (1910), 68–95, 313–331, der die Erzählung »inferior« und »tapsig« (72) nennt und das »Anfängerhafte und Zerfahrene der Arbeit bloßlegen« will (75). Ähnliches findet sich bei Hermann J. Weigand. *Das Vertrauen in Kleists Erzählungen*, in: ders., Fährten und Funde, Aufsätze zur deutschen Literatur, Bern/München 1967, 85–119, der zur »Verlobung« einleitend bemerkt: »Die äußeren Voraussetzungen des Berichteten – das sei gleich gesagt – vermögen wacher Prüfung nicht standzuhalten. Der vermeintliche Realismus und die gerühmte Anschaulichkeit beruhen auf Täuschung. Sie bedeuten ein Wollen, aber nicht ein Können. Es wimmelt von Unstimmigkeiten.« (101) – Neuere Interpretationen kranken hingegen eher daran, daß sie sich von den Unstimmigkeiten *nicht mehr* befremden lassen. Ich nenne: Johannes Pfeiffer, *Heinrich von Kleist: Die Verlobung in St. Domingo*, in: ders., Wege zur Erzählkunst, Über den Umgang mit dichterischer Prosa, Hamburg ⁵1960, 13–20; Josef Kunz, *Kleists »Die Verlobung in St. Domingo«*, in: Neophilologus 58 (1974), 395–405; Peter Horn, *Hatte Kleist Rassenvorurteile?* Eine kritische Auseinandersetzung mit der Literatur zur »Verlobung in St. Domin-

go«, in: Monatshefte 67 (1975), 117-128; Sander L. Gilman, *The Aesthetics of Blackness in Heinrich von Kleist's »Die Verlobung in St. Domingo«*, in: MLN 90 (1975), 661–672; Ralf R. Nicolai, *Zum Situationsumschwung in Kleists Briefen und der »Verlobung in St. Domingo«*, in: South Atlantic Bulletin 41 (1976), 22–33; Almute Wedekind, *»Die Verlobung in St. Domingo«*, Kleist's Novella in Translation and as a Basis for Opera and Drama, Bern/ Ffam./Las Vegas/New York 1983. – Primär auf Stoffliches konzentriert sind auch die Ausführungen von Walter Müller-Seidel, *Versehen und Erkennen*, Eine Studie über Heinrich von Kleist, Köln/Graz 1961, 40 ff.; Rolf Dürst, *Heinrich von Kleist*, Dichter zwischen Ursprung und Endzeit, Kleists Werk im Lichte idealistischer Eschatologie, Bern 1965, 89 ff.; Helmut Koopmann, *Das »rätselhafte Faktum« und seine Vorgeschichte*, in: Zs. f. dt. Philol. 84 (1965), 508–550; Hans Joachim Kreutzer, *Die dichterische Entwicklung Heinrichs von Kleist*, Untersuchungen zu seinen Briefen und zu Chronologie und Aufbau seiner Werke, Berlin 1968, 256–258; Richard Samuel, *Heinrich von Kleists Novellen*, in: Deutsche Weltliteratur, Von Goethe bis Ingeborg Bachmann, Festgabe f. J. Alan Pfeffer (Hrsg. Klaus W. Jonas), Tübingen 1972, 73–88; Ruth K. Angress, *Kleist's Treatment of Imperialism*, »Die Hermannsschlacht« and »Die Verlobung in St. Domingo«, in: Monatshefte 69 (1977), 17–33; Denys Dyer, *The Stories of Kleist*, A Critical Study, London 1977, 31–47; Lilian Hoverland, *Heinrich von Kleist und das Prinzip der Gestaltung*, Königstein/Ts. 1978, 154–159; Manfred Schunicht, *Heinrich von Kleist*, in: Handbuch d. dt. Erzählung (Hrsg. K. K. Polheim), Düsseldorf 1981, 91–103.
5 Eine Formulierung, die in ihrer kontrollierten Mehrdeutigkeit gelesen werden will. »Sämmtliche zur Besitzung gehörige Etablissements der Erde gleich [machen]« heißt, wie sich noch zeigen wird, nicht einfach nur, daß der Neger die Gebäude der näheren Umgebung zerstört hat. Der Nebensatz bezieht sich ebenso auf »alle Etablissements der Erde«. Drittens aber gibt er ganz unmetaphorisch an, *wem* sämtliche »Etablissements« gleich gemacht werden – »der Erde« als dem, was vor aller »Besitzung« liegt.
6 Cf. den Hinweis Günthers, *Die Konzeption von Kleists »Die Verlobung in St. Domingo«*, a. a. O. (Anm. 4), 75, der sich wundert: »Gleich darauf ist aber das Hauptgebäude, sind auch die Nebengebäude wieder da.«, sich jedoch von dieser Inkohärenz nicht weiter »verstimmen lassen« will, sie vielmehr als »Beweis« nimmt, »daß jene Einleitung kaum in einem Zuge niedergeschrieben sein dürfte« (ebd.).

punkt, auf den sich der Einleitungsabschnitt der Erzählung bezieht, immer noch als Fünfzehnjährige angesprochen wird.[7] *BKA* II 4,27;37

Und wie ist gar zu verstehen, daß Toni als die Tochter eines Franzosen und einer Mulattin ausgerechnet eine Mestize [!], also ein Kind sowohl weißer als auch indianischer Eltern[8] sein soll? *BKA* II 4,27

– Aber vielleicht ist *dieses* »Hauptgebäude« nur kein »Etablissement«?

Die Liste vergleichbarer Verstöße gegen die Ansprüche auf materialen Zusammenhalt und »realistische« Plausibilität, gegen eingeübte Erwartungen also, die man meint, dem Text gegenüber haben zu dürfen, ist lang und kann hier nicht im einzelnen diskutiert werden.[9] Einen Befund jedoch möchte ich, wegen

---

7 Cf. Günther, a. a. O. (Anm. 4), 78: »Aber wenn auf die „unbesonnenen Schritte des National-Konvents", d.i. 1793 (–95), Congo Hoango als einer der ersten die Büchse ergreift, mordet, brandmarkt, „ja" die alte Babekan und die 15jährige Toni auffordert, an diesem Kriege so und so sich zu beteiligen – so sind wir verwundert, wenn auf der dritten Seite die Erzählung aufs Jahr 1803 hinüberspringt und Toni immer noch 15 Jahre alt ist.«

8 Wobei zusätzlich zu denken gibt, daß nahezu die gesamte indianische Urbevölkerung Haitis dem Genozid der spanischen Kolonisatoren zum Opfer gefallen ist. Cf. Johann Heinrich Zedler, *Großes Vollständiges Universallexicon aller Wissenschaften und Künste,* Halle/Leipzig 1732/1750, Bd. 7 (1734), s.v. S. Domingo, Sp. 1200: »Die Menge derer einheimischen Einwohner war sehr groß, welche aber meist Theils von denen Spaniern getödtet, oder in denen Kriegen aufgerieben worden« – eine Auskunft, die das Ausmaß des Völkermords eher untertreibt, denn eine Generation nach der Entdeckung der Insel »zeugte kaum eine Spur mehr von den ursprünglichen Bewohnern der Insel, deren Zahl auf eine Million geschätzt wird« (Hans Christoph Buch, *Die Scheidung von San Domingo,* Wie die Negersklaven von Haiti Robespierre beim Wort nahmen, Berlin 1976, 9)

9 Zu den »Ungereimtheiten und Unmöglichkeiten [...], die einem ärgerlich sind und das Anfängerhafte und Zerfahrene der Arbeit bloßlegen« (so Günther, a. a. O. [Anm. 4], 75), gehören nach Günther etwa folgende Befunde: »Was weiß Gustav [...] nicht alles zu erzählen! von seiner Herkunft und seiner abgeschiedenen Braut Mariane Congreve – das kann man ihm nicht verwehren; aber woher weiß er so genau von Verlauf und die Situation des Negeraufstands? [wo doch von der Erzählung ausdrücklich das Überstürzte der Flucht hervorgehoben wird] [...] und er erzählt ausführlich und mit intimen Details die Geschichte von dem Pflanzer und der Pestkranken – als hätte er wie Kleist dies und noch mehr im Moniteur aufmerksam und mit regster Phantasie verfolgt« (75 f.). – »Auch mit dem Vorwärtsrücken der Handlung hapert's ähnlich; die Charaktere werden sogar im Stich gelassen; es resultiert dann: willkürliche Anordnung und Mangel der psychologischen Motivierung. Babekan also ist doch raffiniert und schlau bis zum Äußersten (so gewollt, ist sie wenigstens am interessantesten) – sie scheint sich aber tatsächlich fast schlafen gelegt zu haben, während Toni bei Gustav ist: sie wird doch, nimmt man bestimmt an, die ganze Sache überwachen – [so] heißt es ja, daß Toni bei Todesstrafe die letzte Liebkosung verboten war! – aber man bemüht sich vergebens Babekans Obachthaben zu erschließen« (76). – Mit Blick auf die Congreve-Episode schreibt Günther: »"Die wunderbare Ähnlichkeit" [i.e. Tonis mit Mariane], die hier gar nicht erforderlich ist (im Gegenteil, kaum denkbar, weil Tonis Mutter eine Mulattin), hätte Kleist sich [...] schenken können« (77). Ebd. verweist Günther noch auf verschiedene weitere »Unstimmigkeiten«, so etwa darauf, »daß Congo Hoango, obwohl „in der Mitte des Zimmers" stehend, sofort ein Pistol von der Wand reißt und es losplatzt, daß nicht ohne weiteres klar ist, wie Toni sich von ihrem Schlafzimmer aus (3. Stock) überzeugen kann, ob die Mutter (2. Stock) „entschlummert" u. a.«. Weigand, a. a. O. (Anm. 4), fügt den kritischen Bemerkungen Günthers noch weitere *treffende* Detailbeobachtungen hinzu. So stellt sich ihm insbesondere die Frage, »warum Toni den Geliebten nicht durch ein paar zugeflüsterte Worte verständigt, als sie ihn mit Stricken bindet, um sein Leben zu retten, wobei noch der Scharfsinn, der ihr das Binden des Freundes als einziges Rettungsmittel erscheinen läßt, eher als eine halsbrecherische Wahrscheinlichkeitsrechnung des Autors anmutet denn als eine Eingebung des zu Tode erschrockenen Mädchens. Ein Mann schläft so fest, daß er nicht aufwacht, ehe er sich an Händen und Füßen gebunden findet – man tut gut daran, sich darüber keine Gedanken zu machen« (101). – Zutreffend ist auch, daß die Altersangaben, die der Text macht, befremden können: Wie paßt es zusammen, daß der »Fremde« einerseits als Jüngling eingeführt wird, andererseits aber schon vor Ausbruch der Revolution mit Mariane Congreve verlobt gewesen sein soll, so daß er im Jahre 1803 »doch wohl dreißig bis fünfunddreißig Jahre alt, mithin mehr als doppelt so alt sein [muß] wie Toni – eine Annahme gegen die unser Gefühl sich aufs entschiedenste sträubt« (102). Daß der »Greis« Strömli einen (von ihm gezeugten) »Säugling« mit sich führt und auf den Wällen von »Port au Prince« »seinen Mann zu stehen weiß« (ebd.); daß der Wüterich Congo Hoango, »der bereits die Sechzig überschritten hatte und im Ruhestande lebte, ehe die unbesonnen Schritte des National-Konvents zum Aufstand führten, [...] jetzt die Siebzig längst überschritten haben [müßte]« (ebd.); daß Babekan kaum älter als vierzig Jahre sein kann »auf andrer Grundlage ist ihr Abenteuer mit Herrn Bertrand in Paris nicht wohl hinzunehmen«) (ebd.). Und wie fügt es sich – um noch zwei wichtige materiale »Ungereimtheiten« zu vermerken, die sowohl Günther als auch Weigand übersehen haben – zusammen, daß im mittleren Teil der Erzählung von Babekan darauf gedrungen wird, »die Thüren sowohl, als auch die Fensterladen« des Zimmers, in dem der »Fremde« schläft, »auf das Sorgfältigste« zu verschließen (54$_{10}$), welcher Empfehlung auch gefolgt wird (cf. 57 f. $_{16\text{ff.}}$), es dann aber während der sich anschließenden

seiner außerordentlichen Tragweite für die Interpretation der Erzählung, eingehender erörtern. Kleist nennt seine Erzählung »Die *Verlobung* in St. Domingo«. Auf der Bühne des Textes findet indes das für eine solche Veranstaltung notwendige Zeremoniell nirgendwo statt.¹⁰ Nicht nur macht der Wortgebrauch der Zeit einen auch heute noch gültigen präzisen Unterschied zwischen dem einfachen Versprechen und dem Verloben, welches ohne Einbeziehung von Öffentlichkeit undenkbar ist¹¹ – dieser Unterschied wird überdies vom Text selbst an mehreren Stellen unterstrichen. So etwa, wenn »der Fremde« von seiner Verlobung mit Mariane Congreve berichtet und hervorhebt, er sei »glücklich genug gewesen, ihr Jawort *und vorläufig auch ihrer*

BKA II 4,40 *Mutter Zustimmung* zu erhalten«.¹² Schroff akzentuiert wird die Kluft zwischen Versprechen und Verlobung dann in jenem Abschnitt, in dem man auf Grund der Beteuerung des »Fremden« (»[...] und sagte ihr, indem er ihre Hand bald streichelte,

BKA II 4,43 f. bald küßte: daß er bei ihrer Mutter am Morgen des nächsten Tages um sie anhalten wolle«) darauf wartet, daß dieser sein Versprechen einlösen wird. Dies geschieht jedoch nicht. Vielmehr betont der Text demonstrativ, daß der »Fremde« gar nicht an Verlobung denkt – indem er ihn bei seinem morgendlichen Erscheinen expressis verbis auf *ein anderes* gegebenes Versprechen hinweisen läßt: »Er grüßte sehr heiter und freundlich die Mutter und die Tochter, und bat, indem er der Alten den Zettel übergab: daß man sogleich in die Waldung schicken und für die Gesellschaft, *dem ihm gegebenen Versprechen gemäß,* Sorge tra-

BKA II 4,53 gen möchte«. Und daß Toni später von sich sagt, sie sehe »den Jüngling, *vor Gott und ihrem Herzen,* nicht mehr als einen bloßen Gast, dem sie Schutz und Obdach gegeben, sondern als ih-

BKA II 4,58 f. ren Verlobten und Gemahl an«, bestätigt wider den ersten Schein, daß auf der Ebene des *plots* von einer Verlobung gar nicht die Rede sein kann. Denn »vor Gott und ihrem Herzen« heißt eben auch: *nicht* vor aller Öffentlichkeit. Daran aber und

Nacht von dem »Fremden«, in dessen Zimmer sich Toni begibt, heißt: »Der Mond beschien sein blühendes Antlitz, und der Nachtwind, der durch die *geöffneten* Fenster eindrang, spielte mit dem Haar auf seiner Stirn« (63 f.₂₁ff.; Herv. v. mir.); daß schließlich am Ende der Erzählung dem Leser versichert wird, das »Denkmaal«, das Strömli »Gustav, seinem Vetter, und der Verlobten desselben, der treuen Toni, hatte setzen lassen« (91 ₁₁₋₁₃), sei *noch* im Jahre 1807« (ebd., Herv. v. mir) zu sehen gewesen (als ob eigens hervorzuheben wäre, daß eine auf Dezennien hin aufgerichtete Inschrift noch nach – höchstens – drei Jahren an Ort und Stelle steht und gelesen werden kann)? All dies enthält in der Tat »so viel des Fragwürdigen, daß nur ein sehr gedankenloser oder ein ganz hingerissener Leser den Verlauf der Ereignisse ohne schwere Widerstände hinnehmen wird« (Weigand, a. a. O., [Anm. 4], 102) – was allerdings ein Argument *für* die Qualität des Kleistschen Textes, nicht *gegen* sie sein dürfte.
10 Dies wird von der in Anm. 4 angeführten Forschungsliteratur durchgängig übersehen.
11 Vgl. hierzu Johann Christoph Adelung, *Grammatisch-kritisches Wörterbuch der Hochdeutschen Mundart,* mit beständiger Vergleichung der übrigen Mundarten, besonders aber der Oberdeutschen, Leipzig ²1793/1801, s.v. »Verlöbniß«, IV Sp. 1087: »die vor der Trauung oder Hochzeit her gehende Handlung, da eine Person der andern auf eine feyerliche und rechtskräftige Art zur Ehe versprochen wird, das Eheverlöbniß. Das feyerliche unterscheidet das Verlöbniß, von einem bloßen Versprechen, Verspruche oder Eheversprechen, obgleich auch letztere zuweilen für ersteres gebraucht werden.« – Die Befremdlichkeit des Kleistschen Textes hinsichtlich des Titels kann auch nicht durch den Hinweis auf die Möglichkeit einer »heimlichen Verlobung« hinweggedeutet werden. Denn es ist klar, daß ein solcher attributiver Zusatz gerade das Nicht-Selbstverständliche eines derartigen Vorgehens unterstreichen soll. Zu einer Verlobung im Wortsinn gehört die öffentliche Bekanntgabe gegenüber Dritten – und eben mit ihr reicht das Institut der Verlobung in den vergesellschafteten Rechtsraum hinein.
12 Bezeichnenderweise ist gerade diese Stelle in *E* überarbeitet. Vgl. die Variante 40 ₁₃₋₁₄.

an dem sprechenden Umstand, daß die Ringe[13] coram publico erst *nach* dem Tod beider getauscht werden, erweist sich, daß der utopische Vereinigungspunkt von Liebe und Ehe, Gefühl und Institution, Privatem und Öffentlichem, auf den der Gedanke von »Verlobung« zuletzt ausgerichtet ist,[14] dem »Fremden« und Toni unerreichbar bleibt.

Ich *nehme nicht an,* daß diese Brüche, Versagungen und Irritationen im stofflichen Bereich des Textes bloße Versehen sind, die aus technischen Unzulänglichkeiten des Autors, Terminproblemen oder was man sich sonst an Entschuldigungsversuchen einfallen lassen könnte, resultieren. Eher sind sie mir Indizien dafür, daß es dem Text nicht auf unmittelbare Übereinstimmung mit einem als fraglos vorausgesetzten Weltverständnis ankam. Daß eine Arbeit, die sich explizit mit dem Vertrauensbegriff bei Kleist beschäftigt,[15] dem Text selbst die Kontrolle über die Ent-Stellungen unseres Vorverständnisses nicht zutraut, könnte man getrost zu den Kuriosa der Rezeptionsgeschichte des Kleistschen Werkes rechnen — wäre die in ihr zum Ausdruck kommende Voreingenommenheit nicht insofern exemplarisch für die Lektüre Kleistscher Texte,[16] als die für Kleist grundlegende Frage nach dem Vertrauen wider subjektiv besseres Wissen[17] einzig für ein äußerliches Moment der Stofflichkeit genommen wird. In Wahrheit jedoch vergeht — und mit diesem Vergehen erst erweist sich ein literarischer Text als poetischer — der unbefangenen Rezeption Kleistscher Dichtung mit gutem Grund zunächst einmal Hören und Sehen. Und Vertrauen wird vielleicht auf einer ganz anderen Ebene erforderlich sein als auf der des Materials: auf der des Textes selbst in seiner konkreten Allgemeinheit.

Es sind jedoch nicht nur die Brüche in den vermeintlich realistischen Bezügen auf gewohnte Zusammenhänge der als fraglos vorausgesetzten Welt, die zu der befremdenden und schockierenden Gewalt des Kleistschen Erzählwerks gehören. Auch der

– »...Ehrliche Verlobung sind sonst solche Verbindungen zweyer Personen Mann- und Weiblichen Geschlechts, da ein Theil dem andern nach beschehener Anwerbung die Ehe und eheliche Liebe und Treue verspricht, willig und wohlbedächtig, nicht im Winckel, sondern im Beyseyn der erforderten Zeugen und mit Consens der Eltern und Anverwandten das Ja-Wort von sich giebet, mit einem Kusse bestätigt, und dabey ein Freuden-Mahl hält, auch die Ehestiftung beyderseits aufsetzet, Geschenke und Gaben auswechselt, und das alles ohne arge List und Betrug.« –

– »Wenn hier oder dort uns eine Wendung des wunderbaren Gedichtes befremdete, so sind wir doch nicht Barbaren genug, um irgend eine angewöhnte, unserm Ohr längst eingesungene poetische Weise für die Regel alles Gesanges zu halten. Der Dichter hat mehr auszusprechen, als das besondere uns in eng[en] Schulen anempfundene Gut und Schöne. Alles Vortrefliche führt etwas Befremdendes mit sich, am meisten in Zeiten, wo die Wunder der Poesie der großen Mehrzahl der Menschen auf Erden fremd geworden sind.« –

---

13 Cf. 90 [11–16]: »Am Möwenweiher, wo man die Familie fand, grub man, unter vielen Thränen, den Leichen ein Grab; und nachdem man noch die Ringe, die sie an der Hand trugen, gewechselt hatte, senkte man sie unter stillen Gebeten in die Wohnung des ewigen Friedens ein.«
14 Vgl. mit Bezug auf Goethes »Werther«: Gerhard Kaiser, *Wandrer und Idylle,* Goethe und die Phänomenologie der Natur in der deutschen Dichtung von Geßner bis Gottfried Keller, Göttingen 1977, 43.
15 Cf. die Untersuchung von Weigand, *Das Vertrauen in Kleists Erzählungen,* a. a. O. (Anm. 4).
16 Behutsamere Zugangsweisen zu Kleists Texten suchen Jochen Schmidt, *Heinrich von Kleist,* Studien zu seiner poetischen Verfahrensweise, Tübingen 1974; Beda Allemann, *Sinn und Unsinn von Kleists Gespräch »Über das Marionettentheater«,* in: Kleist-Jahrbuch 1981/82, 50–65; Gerhard Kurz, *»Gott befohlen«,* Kleists Dialog »Über das Marionettentheater« und der Mythos vom Sündenfall des Bewußtseins, in: Kleist-Jahrbuch 1981/82, 264–277.
17 Vgl. bereits den berühmten Brief an Christian Ernst Martini, der sich der Frage widmet, »ob ein Fall möglich sei, in welchem ein denkender Mensch der Überzeugung eines andern mehr trauen soll, als seiner eigenen?« (Br. 3, 18./19. März 1799, *SW [ed. Sembdner]* II 472). Diese Frage erhält ihre eigentliche Schärfe dadurch, daß Kleist zur Bedingung ihrer Antwort macht, sie dürfe nicht hinter die Errungenschaften der Aufklärung (cf. sogar Hamann an Kant, 27. Juli 1759: »Der eines andern Vernunft mehr glaubt als seiner eigenen, hört auf ein Mensch zu seyn und hat den ersten Rang unter dem servus pecus der Nachahmer.«) zurückfallen: »Ich sage ein *denkender Mensch* und schließe dadurch alle Fälle aus, in welchen ein blinder Glaube sich der Autorität eines andern unterwirft.« (Br. 3, *SW [ed. Sembdner]* II 472).

subversiven Kraft der Kleistschen Syntax ist noch einmal nachzudenken.[18] Die Interpunktion, die den Kleistschen Text durchschneidet, ist, darin den Versgrenzen lyrischer Texte vergleichbar,[19] nicht etwa, wie man immer wieder zu hören bekommt, um textexterner Gesichtspunkte willen,[20] etwa des Rhythmus im Vortrag, ausgebildet. An ihren Schnitten wird je und je das Bewußtsein des Lesers ins Schwanken gebracht, *sollizitiert*, der unkritische Fortgang der Umgangssprache von innen her aufgebrochen, und sie gewinnt so für die Rezeption und Interpretation der Dichtung eine Bedeutung, die man kaum überschätzen kann.

Die Komposition der Syntax ist von Kleist in der Regel mit Blick auf solche *semantischen* Phänomene in Angriff genommen worden, die nicht der Intentionalität der Rede[21] entspringen, sondern jenem, was an dieser, gleichsam im Rücken des unmittelbar Ausgesprochenen, zur Darstellung gelangt. Die äußere Form der Redesequenzen treibt dabei nicht selten den poetischen Ausdruck der erzählenden Sprache über das an Ort und Stelle jeweils Gesagte weit hinaus, und es entsteht dabei jener außer für Kleist allenfalls noch für Kafka[22] charakteristische Fortgang der Prosa, der tiefgreifende Auswirkungen auf den Sinnzusammenhang der Texte hat.

Der Fortgang der Prosa ist – der Name sagt es bereits – primär *vorwärts* gerichtet. Als *Fortgang* aber ist er, was er ist, zugleich auch nur, indem er sich immer wieder auf den Ausgangspunkt des Ganges zurückbezieht. Nur über diesen Rückbezug ist der Fortgang überhaupt *einer* und kontinuierlich. Die unmittelbarste Konsequenz, die sich aus der Hervorhebung dieser nur scheinbar trivialen Eigentümlichkeit ergibt, ist, daß alles, was auf eine gesetzte formale Einheit *folgt*, erst einmal im Lichte des zuvor Ausgesprochenen gelesen werden will. Wie Kleist interpungiert oder Einschübe in wörtlicher Rede plaziert, zeigt nun, daß es ihm eines der wichtigsten Anliegen war, diesen Fortgang

---

– Das Denunziatorische (sich selbst Denunzierende) bei Kafka: »Doch sah ich letzthin auf der Freitreppe selbst einen ganz einfältigen Gerichtsdiener mit dem Fachblick des kleinen Stammgastes der Wettrennen...« / »...den Advokaten bestaunen, als dieser...« –

– Hör nur: »Gott selbst, meinte sie, indem sie ihn herabriß.« // »in der unwillkührlichen Absicht« // »in der unwillkührlichen Absicht, außer sich selbst noch etwas Drittes, Lebendiges, bei sich zu haben:« Hör nur. –

---

18 Die beste Arbeit zu diesem Thema ist nach wie vor: Horst Turk, *Dramensprache als gesprochene Sprache,* Untersuchungen zu Kleists »Penthesilea«, Bonn 1965.
19 Zur Theorie der Versgrenze vgl. Gerhard Buhr, *Textpoetik und Rezeptionspoetik,* Das allgemeine Verhältnis von Text- und Rezeptionspoetik, Grundbegriffe der allgemeinen Textpoetik, Freiburg/Br. 1976 (Habilschr.); Roland Reuß, *»Die eigene Rede des andern«,* Hölderlins »Andenken« und »Mnemosyne«, Zwei literaturwissenschaftliche Textinterpretationen (in Vorb.).
20 Diese Annahme gehört seit Sembdners Aufsatz, *Kleists Interpunktion,* Zur Neuausgabe seiner Werke, in: Jb. d. Deutschen Schillerges. 6 (1962), 229–252, zu den unumstößlichsten Dogmata der Kleist-Forschung.
21 Deren wichtigstes Ausdrucksmittel die Syntax der Umgangssprache sein dürfte.
22 Kafkas Hochschätzung der Prosa Kleists ist bekannt (vgl. die oft zitierte Tagebucheintragung vom 11. Dezember 1913, die von der Lektüre des »Kohlhaas« berichtet: *Tagebücher 1910–1923,* in: Franz Kafka, *Gesammelte Werke,* hg. v. Max Brod, Taschenbuchausgabe in sieben Bänden, Ffam. 1983, 249). Einer – allerdings apokryphen – Mitteilung Janouchs (*Gespräche mit Kafka,* Aufzeichnungen und Erinnerungen, Ffam. 1981, 182) zufolge soll Kafka die Erzählungen Kleists sogar einmal »die Wurzel der modernen deutschen Sprachkunst« genannt haben; ein Urteil, dessen Bedeutung man unterschätzen würde, wollte man es einzig als ein solches des Geschmacks nehmen. Es betrifft auch nicht Affinitäten im stofflichen Bereich (Rechtsproblematik etc.), sondern hauptsächlich eine sprachliche Errungenschaft Kleists: die Behandlung der Ausdrucksseite von Syntax und deren Sprengkraft.

durchgreifend zu unterminieren. Sehr häufig tragen sich im Übergang zur nächsten Einheit der Rede nämlich Ereignisse an der Semantik des expressis verbis Gesagten zu, die als augenblickliche Konzentrationen des *gesamten* Textgeschehens wahrzunehmen sind, und die mit der konkreten Äußerungssituation unmittelbar gar nichts zu tun haben.

Als erstes Beispiel hierfür möchte ich auf jene Redesequenz hinweisen, an der Kleist selbst dem Leser zu verstehen gibt, was es mit der Sprengung der Gegenläufigkeit von Vor- und Rückbezug im prosaischen Fortgang des Textes auf sich hat. Im einleitenden Abschnitt der Erzählung, der geradezu eine Fundgrube kontrollierter syntaktisch-semantischer Mehrdeutigkeit ist,[23] findet sich der Passus: »so unterrichtete er [i.e. Congo Hoango] die Weiber, *diese weißen Hunde, wie er sie nannte*, mit Unterstützungen und Gefälligkeiten bis zu seiner Wiederkehr hinzuhalten«. Im Zusammenhang des Einleitungsabschnittes hat die Lektüre des Textes hier zunächst die Tendenz, die Formulierung »diese weißen Hunde« auf die »weiße[n] oder kreolische[n] Flüchtlinge« zu beziehen, die sich während der »Abwesenheit« des Negers in dessen Haus einfinden. Gleichwohl wird dieses Verständnis des Fortgangs der Rede dadurch beirrt, daß die semantischen Bezüge und die sachlichen Zuordnungen sich von Sprecheinheit zu Sprecheinheit (Kolon) verändern. Für kurze Zeit zeichnet sich dabei die Möglichkeit ab, die deiktischen Ausdrücke »diese« und »sie« auf »die Weiber« und *nicht* auf die Weißen zu beziehen. Daß letzteres tatsächlich nur eine *einseitige* Lesart wäre, die zweite Variante mithin zu bewahren ist, verrät Kleists Text einige Seiten darauf, wo er Babekan heucheln läßt, der Neger wünsche nichts mehr, »als die Rache der Schwarzen über uns weiße und kreolische Halbhunde, *wie er uns nennt*, hereinhetzen zu können«. Hier nämlich erhält das Ausgesprochene exakt jenen Sinn, der an der zuerst zitierten Stelle unter der Herrschaft des regionalen Kontextes vermieden schien. Diese syntaktische Verfahrensweise aber gibt Anlaß, den im Eingangsabschnitt der »Verlobung« unterdrückten Bezug wiederherzustellen, wobei man sich daran erinnern kann, daß in der Tat sowohl Babekan als auch Toni *partiell* zu jener

–»...diese Augen haben ihn im Sande – was sag' ich? sie haben, am anderen Tage, noch die Arbeiter gesehen, ...« –
BKA II 4,67 f.

BKA II 4,10

BKA II 4,21 f.

---

23 Eindrucksvollstes Beispiel: »Dieser von der Goldküste von Afrika herstammende Mensch, der in seiner Jugend von treuer und rechtschaffener Gemüthsart schien, *war von seinem Herrn*« (7₈₋₁₁; Herv. v. mir). Das letzte Kolon dieses Satzes will vermittelt über die beiden vorangehenden gelesen werden. Zunächst berichtet der Satz von der *Her*kunft aus einer bestimmten Gegend (wobei der prägnante Ausdruck »Goldküste« – zwischen Benennung und Bezeichnung schwankend [cf. Adelung, *Grammatisch-kritisches Wörterbuch der Hochdeutschen Mundart*, a. a. O., Anm. 11, s. v. Goldküste, II 749;] – im Kontext der gesamten Erzählung auch eine weitere Umschreibung für das Paradies ist – ein Paradies allerdings, auf das sich auch die Habgier richten kann). In einem zweiten Schritt begibt sich das Wissen des Erzählers *hinkünftig* aus der Gegenwart in die Vergangenheit, so daß auf dem Hintergrund dieser reflektierten Gegenläufigkeit des Bezugssinns sodann aber auch das Verbum im dritten Kolon des Satzes als Vollverb wahrzunehmen ist: Es verleiht der Bezugnahme auf eine *andere* Herkunft Ausdruck, der von Gott. Und so wird schließlich auch noch das Personalpronomen des folgenden Kolons (»weil er ihm einst auf einer Überfahrt nach Cuba das Leben gerettet hatte«) doppelsinnig; wie denn überhaupt die Personalpronomina in der Exposition syntaktisch in ihrer Referenz zumeist mehrdeutig festgelegt sind.

Gruppe gehören, die der Neger meint, wenn er von »den weiße[n] und kreolische[n] Halbhunde[n]« spricht: Über den mutmaßlichen Sinn des an Ort und Stelle Ausgesprochenen hinaus nimmt bereits zu Anfang der Erzählung die syntaktische Zweideutigkeit im Fortgang der Prosa eine Entwicklung vorweg, die schließlich in Tonis offenes, wenngleich wiederum einseitiges Bekenntnis einmünden wird, sie gehöre zu »dem Geschlecht derer«, gegen die die Neger Krieg führten.

BKA II 4,81 f.

Gibt hier der Text aus sich selbst heraus ausdrücklich zu verstehen, wie zu lesen sei, so ist diese Passage doch von vergleichsweise eher geringer Relevanz, denn sie transzendiert nicht eigentlich den Rahmen des vom Material beanspruchten Vorstellungsraums. Anders hingegen verhält es sich mit den zahlreichen Stellen (und Plätzen), an denen in der Erzählung über den syntaktischen Zusammenhang vermittelt auf Gott und den Glauben Bezug genommen wird. So ist das Satzfragment über den Strick, den Toni von der Wand nimmt – »*Gott selbst, meinte sie, indem sie ihn herabriß*« –, in jener vollständigen Abgründigkeit zu lesen, die durch die Aufeinanderfolge der syntaktischen Einheiten bricht. Dem poetischen Ausdruck der Intention, Gott selbst zur Hilfe auf die Erde herabzureißen, entspricht gegenläufig die Expressivität der syntaktischen Behandlung jener Worte, die der Text Toni in den Mund legt, wenn diese in ihrem schon erwähnten Bekenntnis gegen die Neger sagt, sie gehöre »zu dem Geschlecht derer, mit denen ihr im offenen Kriege liegt, *und werde vor Gott,* daß ich mich auf ihre Seite stellte, zu verantworten wissen«.[24] Desgleichen finden sich in der Erzählung mehrfache Echos der durch Komma syntaktisch abgetrennten und den vermeintlichen Sinn der Stelle überschreitenden Beschreibung des »Fremden«: »*Es war ihm unmöglich zu glauben,* daß [...]«. Warum der Hauptsatz hier *auch* absolut aufzufassen ist, zeigt sich bereits auf den ersten Seiten der Erzählung, wo Kleist über die Kluft des Gedankenstrichs hinweg die folgende syntaktische Engführung komponiert. Babekan sagt dort zum »Fremden«: »"[...] der Schatten von Verwandtschaft, der über unsere Gesichter ausgebreitet ist, der, *könnt ihr sicher glauben, thut es nicht!*" – *Es ist nicht möglich!* rief der Fremde«. Diese syntaktische Sequenz sagt nämlich nicht nur – über das, was der Fremde im Augenblick seiner Äußerung von sich selbst weiß, hinaus –, daß ihm die *Möglichkeit* des Glaubens nicht gegeben ist; sie sagt zugleich von Babekan, daß sie vor dem Ergreifen dieser Möglichkeit offensichtlich Angst hat (»thut es nicht«). Was *sie* von dem »Fremden« will,

BKA II 4,67 f.

BKA II 4,81 f.

BKA II 4,38

BKA II 4,21

---

24 Auch noch das Kolon »daß ich mich auf ihre Seite stellte« ist in tieferliegende, nicht von der Dominanz des aktuellen Kontexts abhängende Zusammenhänge eingebettet (cf. zum Ausdruck »Stelle« u. S. 34ff.).

daß er glaube, sagt der Text hingegen zwei Seiten später: »wir wären Alle, *das[!] könnt ihr glauben*, Kinder des Todes«.²⁵ –   BKA II 4,22

Es ist jedoch nicht nur die semantische Kraft der Syntax, die die Vermutung nahelegt, der Kleistsche Text könne wesentlich komplexerer Art sein, als man *anzunehmen* bereit ist. Ähnliches gilt, so meine ich, auch für die Weise, mit der Kleist von Auszeichnungen und Hervorhebungen Gebrauch macht. Vor allem verdient hier, zur Vorbereitung der Interpretation, die Setzung der Anführungszeichen näher betrachtet zu werden. Bei deren Wiedergabe haben neuere Editionen der Erzählung nicht selten korrigierend eingegriffen, obschon der Text Evidenzen freigibt, die solche Eingriffe hätten verhindern sollen.

»Auslassen des Schlußpunktes. Im allgemeinen fängt der gesprochene Satz mit seinem großen Anfangsbuchstaben beim Redner an, biegt sich in seinem Verlaufe, so weit er kann, zu den Zuhörern hinaus und kehrt mit dem Schlußpunkt zu dem Redner zurück. Wird aber der Punkt ausgelassen, dann weht der nicht mehr gehaltene Satz unmittelbar mit ganzem Atem den Zuhörer an

Sembdner ist es mit Recht bemerkenswert erschienen, daß Kleist häufig auch die indirekte Rede mit Anführungszeichen versieht. Handelt es sich dabei doch ohne Zweifel um einen offenen Affront gegen Verhaltenserwartungen, die der Leser gegenüber einem erzählenden Text hegen kann. Zu kurz greift jedoch, wenn man dieses Charakteristikum der Kleistschen Prosa allein für ein Mittel hält, den Vortrag des Geschriebenen zu regeln.²⁶ Der *Vortrag* eines Textes ist vom *Text selbst* kategorial zu unterscheiden.²⁷ Überdies hätte Kleist, wäre es ihm einzig darauf angekommen, die Intonation bestimmter Passagen graphisch auszuzeichnen, auch andere Mittel zur Verfügung gehabt als die in ihrer ganzen Befremdlichkeit wahrzunehmende Ausstattung indirekter mit den Zeichen der wörtlichen Rede. Es scheint mir daher notwendig, sollen die vom Text gesetzten Markierungen angemessen *rezipiert*²⁸ werden, die durch sie angezeigte Verhältnisweise verschiedener Erzählperspektiven näher zu betrachten.

– »... daß sie, zu gleicher Zeit, in demjenigen menschlichen Körperbau am Reinsten erscheint, der entweder gar keins, oder ein unendliches Bewußtsein hat, d. h. in dem Gliedermann, oder in

---

25 Auch diese Liste textueller Eigentümlichkeiten im Bereich der Syntax ließe sich noch um einige Beispiele erweitern. Siehe etwa 16₇ff.: »„was bedeutet der Degen, den ihr so schlagfertig unter eurem Arme tragt? Wir haben euch"«, wo durch den Einschub und die Abtrennung vom Fortgang des Satzes (»„mit Gefahr unseres Lebens eine Zuflucht in unserm Hause gestattet [...]"«) das Wort »haben« *auch* als Vollverb fungiert. Wie aussagekräftig die Sprache des Textes sein kann, wenn man auf das reflektierte Verhältnis von Syntax und Semantik achtet, zeigt sich vor allem an Passagen wie den folgenden: »im Übrigen war er still und zerstreut, und statt der Pistolen, die sie ihm darreichten, zu ergreifen, *hob er die Rechte, und strich sich*, mit einem unaussprechlichen Ausdruck von Gram, damit über die Stirn.« (83 ₁₈ff.; Herv. v. mir), wo von den beiden hervorgehobenen Kola das erste auf den Schwur des »Fremden« zurück-, das zweite auf seinen Suizid vorverweist. – »Sie [i.e. Toni] flehte den Erlöser, *ihren göttlichen Sohn*, in einem Gebet voll unendlicher Innbrunst, um Muth und Standhaftigkeit an [...]« (62 f. ₂₃ff.; Herv. v. mir), ein Satz, der den Marianischen Zug Tonis (cf. hierzu auch die Bemerkung von der zunächst »entfernte[n]« [36 ₆], dann »wunderbare[n] Ähnlichkeit« [40 ₂₋₃] Tonis mit Mariane Congreve) unterstreicht.
26 Cf. beispielsweise die Bemerkung Sembdners zu *SW (ed. Sembdner)* II 162, 16 ff.: »Kleist setzt jeweils nur die Worte des einen Gesprächspartners in Anführungszeichen, die er auch bei indirekter Rede verwendet: hier die Worte Babekans, auf der nächsten Seite die Rede Tonis usw. Gewöhnlich sind es die Reden, die etwa ein Vorleser durch Modifizierung der Stimme hervorheben würde.« *(SW [ed. Sembdner]* II 905), siehe auch Sembdner, *Kleists Interpunktion*, a. a O. (Anm. 20), 243.
27 In Kleists Erzählung »Die heilige Cäcilie, oder die Gewalt der Musik« ist dieser Unterschied sogar thematisch – im Verhältnis von Partitur und Aufführung.
28 Der Begriff von Rezeption scheint mir im Ansatz erst dann orientiert, wenn man ihn, gemäß der lat. Wortbedeutung von »recipere« (= 'einnehmen, erobern, in Besitz nehmen; bei sich oder in sich aufnehmen, einlassen; auf sich nehmen, verbürgen, für etwas stehen, sich zu etwas verpflichten') als *Einnahme, Aufnahme und Übernahme* zumal denkt. Cf. hierzu Buhr, *Textpoetik und Rezeptionspoetik*, a. a. O. (Anm. 19), 67 ff.

> dem Gott. / Mithin, sagte ich ein wenig zerstreut..."

Wenn die einfache, in Anführungszeichen gesetzte wörtliche Rede signalisiert, hier spreche unmittelbar eine Person auf der Erzählebene; und wenn andererseits die mit graphischen Mitteln nicht weiter ausgezeichnete indirekte Rede bekundet, es sei der Erzähler selbst, der im Namen einer Gestalt etwas vorträgt; so dürfte das Ineinssetzen beider Formen von Rede nichts anderes als eine *Koinzidenz* beider Äußerungsweisen anzeigen. Das mag auf den ersten Blick ungewöhnlich scheinen, doch kann man sich daran erinnern, daß der Text über das »Marionettentheater« an zentraler Stelle direkt ausspricht, es komme darauf an, daß sich der die Marionetten bedienende »Maschinist in den Schwerpunct der Marionette versetzt«.[29] Könnte es nicht sein, daß es ein solches Sich-Hineinversetzen ist, das sich in Kleists auffälliger wörtlich-indirekter Rede darstellt?

Die Tragweite dieser Vermutung wird freilich erst im Durchgang durch eine Analyse der verschiedenen Erzählweisen des Kleistschen Textes vollständig abzusehen sein, die ich weiter unten umreißen will. Was die Frage der Textkonstitution anlangt, so hat Sembdner die erwähnte Eigentümlichkeit der Vorlagen glücklicherweise (obschon auf Grund einer irrigen Vermutung) nicht korrigiert. Wenn man jedoch zugesteht, daß der Gebrauch von Anführungszeichen nicht ohne eine Erörterung von Kleists Erzählweise (die eben nicht mit der Vortragsweise zu verwechseln ist) einzuschätzen ist, dann wird man sich mehr zurückhalten müssen bei Normalisierungen, die möglicherweise die Zeichen eines *Übergangs* der verschiedenen Erzählperspektiven ineinander betreffen. Gar nicht einmal so selten begegnen nämlich in Kleists Erzähltexten Passagen, die mit Anführungszeichen beginnen, ohne daß später Schlußzeichen gesetzt sind; oder umgekehrt solche, in denen eine Rede mit Schlußzeichen beendet wird, ohne daß an ihrem Anfang die konventionell zu erwartenden Anführungszeichen erscheinen.[30] Schon allein die Häufigkeit dieser außerordentlichen Textvorkommnisse hätte es eigentlich verhindern sollen, sie, wie das bis heute noch stets geschehen ist, ohne weiteres einzuebnen. Bei allem, was sich in den Erwartungshorizont nicht einpassen will, auf Setzerfehler zu tippen, ist zu wenig an Argument, um einen derartigen Eingriff in das Textkorpus zu rechtfertigen. Verhielte es sich nämlich so, daß Kleists »Verlobung in St. Domingo«, ja seine Dichtung überhaupt, zu ihrem Hauptproblem das der Kommunikation hat, und dieses Problem durchaus nicht allein in der Stoffschicht, sondern ebenso in der Darstellung, im Verhältnis des Erzählers zu seinen Personen,

BKA II 4, 12; 25; 37; 40; 56; 60; 75; 81; 85

---

[29] Die Stimme aus dem *Off*, die sich sowohl in den »Unwahrscheinlichen Wahrhaftigkeiten« (*BA*, 2. Jg., 32: »Haben Sie verstanden?«) als auch im Marionettentheateraufsatz (*BA*, 1. Jg, 260: »Glauben Sie diese Geschichte?«) Gehör verschafft, versichert sich darum – aus dem Text *heraus* fragend – stets auch der Rezeption.

[30] Warum Sembdner derartige Abweichungen im Anhang zur »Heiligen Cäcilie« erwähnt (*SW [ed. Sembdner]* II 909), in dem zur »Verlobung« jedoch nicht, bleibt unklar.

sowie insbesondere im Verhältnis des Rezipienten zum Text reflektiert ausgetragen wird, dann begriffe sich ein solcher Verstoß gegen die Regeln der Zeichensetzung als Darstellung eines Übergangs des Textes zum Leser einerseits, des Erzählers zu seinen Personen, der Personen zu diesem andererseits. – Kleists Text bewegt sich in diesen Übergängen. Und Kleist hat es sich nicht versagen können, dies innerhalb der Erzählung wiederum mit einer leichten Verstörung des semantischen Erwartungshorizontes zu bezeichnen: Es rührt an das Zentrum des kommunikativen Gehaltes der »Verlobung«, wenn er mit einem auf den ersten Blick ein wenig unpassend scheinenden Ausdruck davon spricht, daß den »Fremden« »ein widerwärtiges und verdrießliches«, Toni jedoch »ein menschliches Gefühl« »*übernahm*«. Diese Wendung aber will selbst *übernommen* werden, so, daß die trennenden Wände, die nicht zuletzt auch zwischen dem Gehalt der Geschichte und dem Leser eingezogen sind, Freiheit schenkend und Leben rettend, fallen. In diesem Zusammenhang wird es sich dann auch als überaus sprechend erweisen, daß zu Ende der Erzählung der Schädel des »Fremden« »zum Theil an den Wänden umher« hängt.[31]

BKA II 4, 34; 42

BKA II 4, 89

– »Die für uns wichtigsten Aspekte der Dinge sind durch ihre Einfachheit und Alltäglichkeit verborgen. (Man kann es nicht bemerken, weil man es immer vor Augen hat.) Die eigentlichen Grundlagen der Forschung fallen dem Menschen gar nicht auf. Es sei denn, daß ihm *dies* einmal aufgefallen ist.« –

Umwege / Hän- / de / Augenblicke

Schwierigkeiten stellen sich ein, wollte man versuchen, in Kleists Text gewissermaßen auf dem Weg durch die Vordertür einzudringen. Der Zugang zu dieser Erzählung eröffnet sich der Interpretation vielleicht eher, wie dem »Fremden« der »Verlobung« jener zum Hauptgebäude der »Niederlassung« und »Pflanzung«, über den Umweg eines Hintereingangs.[32] Zu diesem Umweg aber gehört: sich den Befremdlichkeiten des Textes erst einmal auszusetzen und sich seiner anscheinenden Disparatheit zu konfrontieren. Ohnedies ist nach Kleists eigener Auffassung »nicht das, was dem Sinn dargestellt ist, sondern das, was das Gemüt, durch diese Wahrnehmung erregt, sich denkt, [...] das Kunstwerk«. Dem Anschein *unmittelbar* wesentlicher Äußerlichkeit zu verfallen, hieße zudem einer Einstellung nachzugeben, die der Text schon eingangs kritisiert, wenn er zur Darstellung bringt, daß in dem Kampf zwischen Schwarzen und Weißen das *Menschsein* untergegangen ist.[33] Nimmt man

---

31 Cf. auch die Stelle im »Findling«, einer Erzählung, die vielleicht noch entschiedener als die »Verlobung« das Problem der poetischen Bildlichkeit erörtert: »Durch diesen doppelten Schmerz gereizt, ging er, das Dekret in der Tasche, in das Haus, und stark, wie die Wuth ihn machte, warf er den von Natur schwächeren Nicolo nieder und drückte ihm das Gehirn an der Wand ein.« (*E* 129₁₄ff).
32 Vgl. die Feststellung aus dem poetischen Text »Über das Marionettentheater« (*BA*, 1. Jg., 253), die auch im Hinblick auf die immanente Poetik der Kleistschen Texte aufschlußreich ist: »Doch das Paradies ist verriegelt und der Cherub hinter uns; wir müssen die Reise um die Welt machen, und sehen, ob es vielleicht von hinten irgendwo wieder offen ist.«
33 Wenn im Eingangssatz nur äußerlich und als handle es sich um die Beschreibung eines Brettspiels von »Weißen« und »Schwarzen« gesprochen wird, verleiht dies der Rede vom »Mensch[en]« zu Anfang des folgenden Satzes (»Dieser von der Goldküste von Afrika herstammende *Mensch* [...]«[Herv. v. mir]) präzise den Charakter einer emphatischen Adversation.

– Hieran hab ich dich erkannt: »... betrachtete er ihre *einnehmende* Gestalt. Ihr Haar, in dunkeln Locken [Blende zu] schwellend [Blende auf], war ihr, als sie niederknieete, auf ihre jungen [Blende zu] Brüste [Blende auf] herabgerollt; ein Zug von *ausnehmender* Anmuth spielte um ihre [Blende zu] Lippen [Blende auf] und über ihre langen, über die gesenkten Augen hervorragenden [Blende zu] *Augenwimper* [Blende auf]; er hätte, bis auf die Farbe, die ihm anstößig war, schwören mögen, daß er nie etwas Schöneres gesehen.« –

– »Kommunikation« – vielleicht der *herabgekommenste* Begriff, aber ich kann nicht auf ihn verzichten. Und möglicherweise *gibt es* auch in ihm noch ein Ungedachtes? –

den Text beim Wort und traut ihm gegen die scheinbar unauflösliche Inkohärenz seiner einzelnen Elemente einen überlegenen Sinn zu, dann wird man ihn zunächst als *Frage* aufzunehmen haben – als Frage danach, ob sich die disparaten Befunde, die am Text gewonnen werden können, überhaupt zu einer Kohärenz versammeln könnten. Und als Frage weiterhin, ob, und wenn ja, warum es hierzu des Umwegs über die Verstörung und Befremdung bedurfte. Daß ein Text aber die Gestalt einer Frage annimmt, eröffnet von ihm her den Bereich literarischer Kommunikation.

Auf Kommunikation bezieht sich der Text schon in seinem Material. Zunächst an den häufigen Stellen, die das Sich-die-Hand-Reichen erwähnen;[34] eine Geste, die nicht zuletzt auch zum allgemeinen metaphorischen Umfeld der Rede von der »Verlobung« gehört. Das Reichen der Hand ist insofern ein gutes Beispiel für die Eröffnung von Verhältnissen kommunikativer Allgemeinheit, als derjenige, der einem anderen auf diese Art und Weise begegnet, sein Ansinnen der *Differenz*[35] überantwortet und nicht wissen kann, ob sein Gegenüber das Angebot *annimmt*. Dieses Moment von Differenz, welches zur Möglichkeit gelingender Kommunikation notwendig hinzugehört, soll dieser der Name einer freien zu Recht zukommen, ist darum unverzichtbar, weil ohne die Möglichkeit, daß sich die Geste auch verlieren könnte, das Erwidern des Anderen bedeutungslos würde: Wüßte derjenige, der seinem Gegenüber die Hand anbietet, vorweg schon, daß dieser ihm (aus Zwang oder anderen Gründen heraus) ebenfalls die Hand reichen wird, dann ist nicht zu sehen, warum er sich ihm überhaupt mit einer Bitte nähern sollte. Nur wenn das Gegenüber zu dem Ansinnen sich *frei verhalten* und also das Entgegenkommen auch ablehnen kann, hat die Übernahme überhaupt Bedeutung und Gehalt.

Wenn die dargereichte Hand vom Anderen ergriffen wird, ist dies im strengen Sinne ein *Ereignis*, und das bedeutet vor allem: ein solches Über-Ein-Kommen ist unableitbar. Es kann nicht mehr begründet werden: Das gesamte Verhältnis war ja keinem äußerlichen Zwang ausgesetzt, und beide Akteure handelten aus freien Stücken. Die Zeitbestimmung eines solchen Ereignisses kommunikativer Allgemeinheit aber ist der *Augenblick*. Es

---

34 Andere Beispiele (Verwendungsweise des Personalpronomens zweite Person Singular und erste Person Plural, Verhältnisse von Geben und Nehmen, Schenken und Danken) werden diskutiert in Vf., *»Die eigene Rede des andern«*, a. a. O. (Anm. 19), (in Vorb.).

35 *Differenz* ist dabei weder zu verwechseln mit »Unterschied«, »Verschiedenheit« etc. (sie ist nicht das Auseinander *von etwas*), noch kann gesagt werden, daß die Rede von der Differenz auf einen Begriff geht (Differenz, Identität und Reflexion liegen vielmehr noch jeder Begriffsbildung zugrunde und voraus). Am ehesten noch trifft die Verwendungsweise des Ausdrucks »Abgrund« bei Hölderlin dasjenige, was von der Differenz (her) zu denken ist. Ausführlichere Erörterungen hierzu liegen vor bei Buhr, *Textpoetik und Rezeptionspoetik*, a. a. O. (Anm. 19).

gehört zu den materialen Hinweisen, die Kleist auf den Gehalt seiner Erzählung gegeben hat, daß der Text an drei zentralen Stellen auch direkt von dem immer schon reflektierten und zu sich zurückgekommenen Blick des Anderen, dem diese Metapher ihren Ursprung verdankt, spricht. Und es ist kennzeichnend, daß Kleist dabei zugleich vermeidet, zu einer Beschreibung zu greifen, die die völlige Gleichberechtigung beider Blicke in dem Einen Augenblick oder gar noch dessen Dauer behaupten würde. An der ersten Textstelle, die hierauf zu sprechen kommt, sagt der »Fremde« zu Toni: »Hätte ich dir [...] ins Auge sehen können, so wie ich es jetzt kann: so hätte ich, auch wenn alles übrige an dir schwarz gewesen wäre, aus einem vergifteten Becher mit dir trinken wollen.« Hier ist zwar das schlechterdings Verbindliche des Augenblicks bereits ausgesprochen, doch so, daß es eigentlich noch völlig in die Dominanz des »Fremden« fällt. Daß der Rede vom Blick ausgewichen wird, statt dessen vom »sehen« geredet wird, tut ein übriges, Kommunikation an diesem Punkt noch nicht als gegenwärtig betrachten zu dürfen. Vom Blick allerdings spricht expressis verbis die zweite Passage, an der Kleist auf die Erfahrung des Augenblicks aufmerksam macht, die Geschichte vom Tod der Mariane Congreve. Von seiner abgeschiedenen Verlobten berichtet der »Fremde« Toni, sie habe sich, ihn in höchster Treue verratend, »mit einem Blick, der mir unauslöschlich in die Seele geprägt ist«, abgewandt. Hier aber ist es vor allem der Umstand, daß diesem Blick keine *gemeinsame* Kontinuität vergönnt ist und er letztlich dem Tod geschuldet wird, der das Nicht-Bestehen kommunikativer Verhältnisse im Vorstellungsbereich des Textes zum Ausdruck bringt. Ebenso verhält es sich schließlich mit der dritten Textstelle, an der die Rede vom Blick begegnet, dem Bericht vom Tod der Toni. Daß Kleist deren Blick diesmal sogar »unbeschreiblich [...]« nennt und zudem mit der kraftlos scheiternden Geste des Handausstreckens engführt – »und streckte, mit einem unbeschreiblichen Blick, ihre Hand nach ihm aus« –, bezeugt mehr als alles andere die »Dunkelheit der Nacht« inkommunikativer Verhältnisse, durch die hindurch die Gestalten der Erzählung zu sich, zu-ein-ander und über-Eines zu kommen sich bemühen.

BKA II 4,26 f.

BKA II 4,42

BKA II 4,86
BKA II 4,11

– »Das, was den Gegenstand schwer verständlich macht, ist – wenn er bedeutend, wichtig, ist – nicht, daß irgendeine besondere Instruktion über abstruse Dinge zu seinem Verständnis erforderlich wäre, sondern der Gegensatz zwischen dem Verstehen des Gegenstandes und dem, was die meisten Menschen sehen *wollen*. Nicht eine Schwierigkeit des Verstandes, sondern des Willens ist zu überwinden.« –

Wieviel Mühe Kleist für die Darstellung dieser Verhältnisse aufgewendet hat, mag aus zwei weiteren Eigentümlichkeiten seines Textes erhellen, die leider ebenfalls den Konjekturen neuerer Ausgaben zum Opfer gefallen sind. Es ist gut bekannt, daß die Eigennamen in Kleists Werk von außerordentlicher Bedeutung sind.[36] Unzureichend begründet ist jedoch bislang immer noch, von woher ihnen diese Qualität zuwächst. Im Licht der soeben vorgetragenen Gedanken zur Darstellung von Kommu-

36 Vgl. hierzu die Hinweise bei Jochen Schmidt, *Heinrich von Kleist*, a. a. O. (Anm. 16), 71 ff.

nikation in Kleists Erzählung darf vermutet werden, daß der Name einer Person ihr gegenüber in eben demselben Sinne gebraucht werden kann, der schon mit dem Reichen der Hand sich verband. Die Anrede beim Eigennamen geht auf die Person des Anderen *unter Absehung von allem ihm Prädizierbaren*. In ihr spricht sich die Bitte an das Gegenüber aus, als Mensch frei in der Situation gegenwärtig zu werden. Es ist deshalb kein zu tilgender Fehler des Kleistschen Textes, wenn, darin die ältere Schreibweise aufgreifend, Kleist die Person seiner Erzählung – im ersten Abschnitt gleich dreimal – konsequent mit einem großgeschriebenen »Namens« einführt, ist doch auch hierdurch nachdrücklich auf jene von Differenz bestimmte Sphäre kommunikativer Allgemeinheit Bezug genommen, die den Bau des Kleistschen Textes von Grund auf bestimmt. Daß moderne Ausgaben die Schreibung der fraglichen Partikel durchgängig zum kleingeschriebenen »namens« konjizieren, verdeckt ein Moment des Gehalts von Kleists Erzählung.

BKA II 4, 7; 8; 9

Ebenso verhält es sich mit einer vermeintlichen Verbesserung, die an der Kleistschen Schreibweise der Personalpronomina vorgenommen worden ist. Daß das familiäre Personalpronomen der zweiten Person Singular im Kontext des soeben vorgetragenen Gedankens Aufmerksamkeit verdient, bedarf der Sache nach wohl keiner weiteren Begründung. Charakteristisch ist, daß Kleist es bei der Wiedergabe des allerersten Gesprächs zwischen dem »Fremden« und Toni – und nur dort – zweimal mit Majuskeln versieht.[37] Die Signalwirkung *dieser* Abweichung ist von neueren Texteditionen genausowenig gewahrt wie die der ihr korrespondierenden: Kleists Entscheidung, mit einer Ausnahme *alle* Höflichkeitsformen der zweiten Person – Ihr, Euch, Euer usf. – kleinzuschreiben.

BKA II 4, 15

BKA II 4, 25

– »Von den Sätzen, die ich hier niederschreibe, macht immer nur jeder so und so vielte einen Fortschritt; die andern sind wie das Klappern der Schere des Haarschneiders, der sie in Bewegung halten muß, um mit ihr im rechten Moment einen Schnitt zu machen.« –

Dergleichen Charakteristika des Kleistschen Textes, die sich alle durch ihren Widerstand gegen stabilisierte Rezeptionserwartungen auszeichnen, sind kaum beiherspielende Kleinigkeiten, die sich der letztlich unbegründeten und auch nicht begründbaren Idiosynkrasie des Autors Kleist verdanken. Viel eher ist davon auszugehen, daß Kleist sie mit Bedacht in seinem Text loziert hat. »Mit Bedacht« kann aber hier nur heißen: um einer Kritik eben dieser Rezeptionserwartungen willen. Folgt man diesem Gedanken und nimmt zugleich den oben bereits betonten Fragecharakter der Erzählung ernst, dann kann es der Interpretation geschehen, *daß sie ihre eigene Zugangsweise zum Text als in diesem eigentlich verhandelte begreift*. Denn es ist die Geste des Einlaßbegehrens in den Text selbst, welche in der Frage des »Fremden« zu Wort kommt, der »an die hintere Thür«

---

37 »[...] ein fürchterlicher alter Neger, Namens Congo Hoango.« (7_{6-8}); »[...] eine alte Mulattinn, Namens Babekan [...]« (8_{3-4}); »[...] einer jungen fünfzehnjährigen Mestize, Namens Toni« (9_{18-19}) usw.

klopft und »durch die Dunkelheit der Nacht, seine Hand aus[streckt], um die Hand der Alten zu ergreifen«. Und man tut gut daran, in eben dieser Geste, der die Bitte um Aufnahme eingeschrieben ist, und nicht erst in dem sich anschließenden »seid ihr eine Negerinn?« die eigentliche Frage des »Fremden« zu erblicken.[38] Die Zweideutigkeit der Antwort Babekans freilich, in die angebotene Hand nicht einzuschlagen einerseits, andererseits mit Worten, die der Bibel entliehen sind – »Kommt herein [...] und fürchtet nichts«[39] –, an den Glauben zu appellieren, diese Zweideutigkeit der Antwort und die Bereitschaft, trotz der Unsicherheit über alles weitere den Eintritt zu wagen, sind maßgeblich für den Modus, in dem der Text dem Leser, der Leser dem Text entgegenkommt.

BKA II 4,12

BKA II 4,12

Unterwegs / Schwarz und Weiß / Die Wunden der Reflexion / Rettung?

Kleists Text »Die Verlobung in St. Domingo« sucht den Ort der Dichtung. Er nimmt dazu den Umweg über eine Kritik der Kunst und nähert sich ihm durch eine Darstellung der Weisen ihrer Rezeption sowie der Bestimmungen, denen die Kunst der Moderne – und *daß* Kleists Erzählung dieser maßgeblich zurechnet, dürfte spätestens mit der Einsicht in die vom Text autonom entfaltete Poetik deutlich werden – ausgesetzt ist. Die Reflexion der Kunst (in allen Bedeutungen dieses Genitivs) gilt der Gesellschaft, in der Kunst *als Kunst* erscheint, der Einrichtung der Welt nach dem Zusammenbruch der metaphysischen Weltbilder und schließlich, damit zusammenhängend, immer auch sich selbst in ihrer kommunikativen Beziehung auf das Bestehende.

– »Der selbstsüchtige Zweck in seiner Verwirklichung, so durch die Allgemeinheit bedingt, begründet ein System allseitiger Abhängigkeit, daß die Subsistenz und das Wohl des Einzelnen und sein rechtliches Dasein in die Subsistenz, das Wohl und Recht aller verflochten, darauf gegründet und nur in diesem Zusammenhange wirklich und gesichert ist.« –

Die Verhältnisse, die das isolierte Leben[40] der Individuen bestimmen, betreffen diese als Menschen nicht. Herrschend ist

---

38 Das »damit«, das Kleist an dieser Stelle setzt, ist *auch* rückbezüglich auf die Handlung des Handausstreckens zu lesen: »„beantwortet mir, ehe ich euch dies entdecke, eine Frage!" Und damit streckte er, durch die Dunkelheit der Nacht, seine Hand aus, um die Hand der Alten zu ergreifen [...]« (11 f. $_{21\,ff.}$).
39 Diese Wendung gehört ursprünglich zur Epiphanieformel des AT (cf. Gen. 15,1; 21,17; 26,24; Jos. 8,1 u. ö. und den Artikel »Gottesfurcht II« von J. Fichtner, in: *Die Religion in Geschichte und Gegenwart*, Bd. II, Tübingen ³1958, Sp. 1793 f.).
40 Aus der poetischen Darstellung des ersten Satzes geht hervor, daß menschliches Leben von Kleist gleich anfangs als isoliertes eingeführt wird. Insbesondere ist hierbei die abstrakte Für-sich-Setzung des Kolons »lebte« von Interesse. Daß dieses Verbum invertiert zwischen *zwei* Ortsbestimmungen einerseits, *drei* weiteren Umstandsbestimmungen (des Raums und der Zeit) andererseits steht, deutet bereits darauf hin, daß es in der Erzählung darum gehen wird, wie über die Entgegensetzung Zweier hinaus ein Drittes zu finden ist, das beide vermittelt; ein Problem, das sich auf mannigfache Weise in der Erzählung reflektiert, etwa schon in dem Umstand, daß sämtliche Personennamen entweder zweisilbig (Toni, Strömli etc.), dreisilbig (Babekan etc.) oder beides zugleich sind (Congo Hoango; modifiziert auch: Gustav von der Ried). Daß die Entgegensetzung als definitive vermutlich allein im Glauben überwunden werden könnte, spricht sich besonders nachdrücklich in der Rede Ottokars (Rodrigos) in der »Familie Schroffenstein« (»Familie Ghonorez«) aus: »Nun wohl, 's ist abgetan. Wir glauben uns. / – O Gott, welch eine Sonne geht mir auf! / Wenns möglich wäre, wenn die Väter sich / So gern, so leicht, wie wir, verstehen wollten! / Ja könnte man sie nur zusammenführen! / Denn einzeln denkt nur jeder seinen einen / Gedanken, käm der andere hinzu, / Gleich gäbs den dritten, der uns fehlt. / – Und schuldlos, wie sie sind, müßt ohne Rede / Sogleich ein Aug das andere verstehn.« (*SW [ed. Sembdner]* I 102, bzw. 776).

die abstrakteste Entgegensetzung in der Äußerlichkeit: der »Farbe«. Wie wenig eine solche Äußerlichkeit den Menschen als solchen charakterisiert, zeigt sich schon daran, daß es offenbar ohne Schwierigkeiten möglich ist, »die Farbe« zu »wechseln«. Im Kampf zwischen »Schwarzen« und »Weißen« ist das Währende das sich kontinuierende Morden jener an diesen,[41] in dem sich die weitere Entgegensetzung von Leben und Tod austrägt. Demgegenüber bleibt eine Frage wie die nach Kleists Rassenvorurteilen eher vordergründig.[42] Was der Text »Neger« nennt, bemißt sich nach anderen Kriterien als denen, die in der Perspektive einer solchen Fragestellung in den Blick kommen.

BKA II 4,11 u. ö.

BKA II 4,84

Das charakteristische Pathos des »Negers« Congo Hoango ist die »Wuth«, resultierend aus dem unglücklichen Bewußtsein der verlorenen Herkunft, dem Eingedenken »der Tyrannei«, die die Menschen ihrem »Vaterlande entrissen« hat. Vieles spricht dafür, daß diese Rede auf dem Hintergrund des gespannten Verhältnisses von Einheit und Vielheit, Innerem und Äußerem, Subjekt und Person zu lesen ist, das schon in Syntax und Semantik des bemerkenswerten Eingangssatzes zu seiner Darstellung gelangt.[43] Kleists Text nennt »Neger« jene Subjekte, deren gewaltsame Abtrennung aus einer (wenn man so sagen kann) präreflexiven Innigkeit von Mensch und Welt zu einer gewaltsamen, haltlosen und zerrissenen[44] Reflexionsform geführt hat, die, ins Extrem getrieben, an sich selbst umschlägt in die blanke Bewußtlosigkeit eines mörderischen Tuns, dessen Absurdität darin liegt, daß es zuletzt nur die abstrakteste und von der anfänglichen Einheit (wie fragwürdig diese auch sein mag)

BKA II 4,8 u. ö.

BKA II 4,8

---

41 Das Kolon des Eingangssatzes – »als die Schwarzen die Weißen ermordeten« (7 ₃₋₄) – ist grammatikalisch eigentlich inkorrekt, denn sowohl Verbum wie Temporalpartikel gehen mit Emphase auf einen Augenblick, der Kontext der Stelle jedoch auf Zeitdauer. *Dargestellt* ist in diesem Nebeneinander zweier verschiedener Zeitbezüge eine *annihilatio continua*, die den Bestand der »Gattung« Mensch paradoxerweise durch eine Aneinanderreihung von Augenblicken des Mordens sichert.
42 Cf. etwa die diesbezügliche Arbeit Horns, *Hatte Kleist Rassenvorurteile?*, a. a. O. (Anm. 4).
43 Zum Verhältnis Einheit/Vielheit vgl. Anm. 40; die Differenz zwischen Innen und Außen ist in der Rede von den »Schwarzen« und »Weißen« anzutreffen, insofern diese Äußerlichkeit der »Farbe« sogleich in Spannung zu dem steht, was im folgenden Satz »Mensch« heißt; die Differenz zwischen Subjekt und Person hingegen ist mit den letzten beiden Kola des Eingangssatzes gesetzt: bestimmt das vorletzte nämlich ein Subjekt im Hinblick auf seine Eigenschaften, so nennt das letzte, davon abgesetzt, die Person bei ihrem Namen.
44 Der Name des Negers bezieht sich auf die beiden Ströme Congo und Hoang[o] (= Huang-he; cf. Zedlers *Großes Vollständiges Universallexicon aller Wissenschaften und Künste*, a. a. O., Bd. 13 (1735), s.v. Hoang, Sp. 292 f.: »ist der größte Fluß in dem Königreich China, welches Wort in chinesischer Spra-
che gelb bedeutet«). Entscheidend für die Entgegensetzung, die in dem Namen des Negers zum Ausdruck kommt, ist weniger der Umstand, daß die beiden Ströme verschiedenen Erdteilen angehören, als vielmehr der, daß sie in entgegengesetzte Richtung fließen, der eine nach Westen, der andere nach Osten. Innerhalb der Erzählung ist dies angedeutet an der Stelle, an der der »Fremde« von seiner Rettung nach dem Tod der Mariane berichtet: »Wie ich gerettet worden bin, das weiß ich nicht; ich befand mich, eine Viertelstunde darauf, in der Wohnung eines Freundes, wo ich aus einer Ohnmacht in die andere fiel, und halbwahnwitzig gegen Abend auf einen Wagen geladen und über den Rhein geschafft wurde.« (42 ₁₂₋₁₉). Daß Kleist den »Fremden« davon reden läßt, er sei »halbwahnwitzig *gegen Abend*« über den Rhein – und d. h. von Straßburg aus: nach *Osten* – geschafft worden, ist semantisch erst vollständig bestimmt auf dem Hintergrund der Kleists Zeitgenossen noch wohl bekannten Ambiguität des Wortes »Abend«, das nicht nur eine Tageszeit, sondern auch eine Himmelsrichtung (Westen) meint (cf. etwa Adelung, *Grammatisch-kritisches Wörterbuch der Hochdeutschen Mundart*, a. a. O., Anm. 11, s.v. Abend, I Sp. 21: »Die Gegend am Himmel, wo die Sonne im Äquinoctio unterzugehen scheint, Westen.«). Der *poetischen Darstellung* des Textes läßt sich mithin entnehmen, daß das »Halbwahnwitzige« darin besteht, in entgegengesetzte Richtungen getragen zu werden.

entfernteste Entgegensetzung, die zwischen Leben und Tod, affirmiert. Die moderatere Erscheinungsweise dieser mörderischen und diszernierenden Verstandestätigkeit ist die Täuschung, und d. h. die Verhüllung der »Absicht«[45] hinter Kleidern,[46] Wänden und Vor-Wänden. Ihre Voraussetzung ist, in Ausdrücken der philosophischen Tradition gesprochen, die Abtrennung des Bewußtseins vom Sein.[47] Gegeben ist diese bereits mit der Scham, dem »Anfang der Reflexion«,[48] und wie wenig, was Kleist »Schwarze« nennt, auf ein Substantiell-Physisches geht, bezeugt jene Stelle, in der er Tonis – der anscheinend Zeitlosen und immer Jugendlichen – Verhalten auf die Frage des Fremden, die sie zumal in die Entgegensetzung und in Zuwendung treibt: »ob es vielleicht ein Weißer seyn müsse, der ihr [!] Gunst davon tragen solle?«, mit den Worten beschreibt, daß diese »sich plötzlich, nach einem flüchtigen, träumerischen Bedenken, [49] unter einem überaus reizenden Erröthen, das über ihr *verbranntes Gesicht aufloderte,* an seine Brust« legte. »Auflodern« aber ist der Ausdruck, der in Kleists Text zugleich die Manifestationen der Rache und Empörung markiert.[50] Es sind die Wunden der Reflexion, die das Antlitz der »Neger« in der Erzählung zeichnen.[51]

BKA II 4,38

BKA II 4,38

BKA II 4,8; 30; 31

Das herkömmliche »allgemeine Verhältniß« der »Weißen« zu den »Schwarzen« ist das der *Herrschaft,*[52] und neuere Textausga-

BKA II 4,25
BKA II 4,25 u. ö.

---

45 Daß die versteckte Absicht das Verwerflichste ist, zeigt sich wiederum am Verhältnis von Syntax und Semantik, denn Kleist formuliert Tonis Vorhaben, dem »Fremden« alles einzugestehen, folgendermaßen: »Sie gelobte, diesem, was es ihrem Herzen auch kosten würde, nichts, *auch nicht die Absicht,* erbarmungslos und entsetzlich, in der sie ihn gestern in das Haus gelockt, zu verbergen« (63₅₋₉; Herv. v. mir). Der Satzbau isoliert die allgemeine Rede von der Absicht hier derart nachdrücklich, daß ihre näheren Bestimmungen gegenüber dem Umstand, daß Toni dem »Fremden« die *Intention* verborgen hat, an Bedeutung verlieren.
46 Siehe gleich eingangs: 10₇₋₁₄. – Daß der objektive Schein, der mit der Ausstaffierung erzeugt werden soll, der Absicht jedoch vollständig entgegenläuft, sollte nicht übersehen werden: Niemand kann das Gesicht einer Farbigen dadurch ins Weiße hin abtönen, daß er ihr »weiße Wäsche« (12₁₉₋₂₀) zum Ankleiden gibt.
47 Dessen Anzeige ist bei Kleist fast immer die Rede vom »an-statt«. So etwa in der Erzählung der Babekan, die dem »Fremden« berichtet, der Neger Komar habe Toni »an Kindes statt angenommen« (27₁₇₋₁₈), weil deren eigentlicher Vater sie verleugnet habe: »Herr Bertrand läugnete mir, während meiner Schwangerschaft zu Paris, aus Scham vor einer jungen reichen Braut, die er heirathen wollte, die Vaterschaft zu diesem Kinde vor Gericht ab. Ich werde den Eidschwur, den er die Frechheit hatte, mir ins Gesicht zu leisten, niemals vergessen [...]« (29₂₋₉).
48 Georg Wilhelm Friedrich Hegel, *Ästhetik,* 2 Bde., hg. v. Friedrich Bassenge, Berlin/Weimar ³ 1976, II 125. – Zu zeigen wäre an der Eingangspassage der »Verlobung« im übrigen noch, daß der Übergang von Scham in »Wuth« in der *Beschämung* gemacht wird; wie es denn der Text auch offen läßt, ob der »Fremde« Toni nicht auch aus diesem Motiv heraus durch die Brust geschossen hat.
49 Diese Attribuierung ist paradox (Bedenken und Träumen schließen sich aus) und verweist ebenso wie die kryptische Formulierung, Toni habe gesehen, »daß sie von einem Irrthum getäuscht« worden sei (39₉; von einem Irrtum kann man nicht getäuscht werden), auf die Aufgabe Tonis, gegensätzliche Bereiche menschlicher Wirklichkeit zu vermitteln.
50 Daß der Text hier den »allgemeinen *Taumel* der Rache« (Herv. v. mir) als Subjekt des Auflodern benennt, läßt sich unter Rekurs auf gewöhnliche Vorstellungen nicht begreifen. Er ergibt jedoch einen wohlbestimmten Sinn, faßt man die semantische Inkohärenz als poetische Darstellung einer Überkreuzung von vertikaler und horizontaler (auf Himmel und Erde bezogener) Ex-Zentrizität und Mitte-Losigkeit auf.
51 Zum Zusammenhang von Scham, Scheue und Brand vgl. auch die Einlassung Babekans: »mein Kind, der Gebrannte scheut, nach dem Sprichwort, das Feuer« (26₄₋₅); eine Formulierung, die signifikant vom beanspruchten Wortlaut des Sprichworts abweicht und bereits die Problematik des Anscheins antizipiert.
52 Die Auseinanderlegung in die Extreme von »hell« und »dunkel« verknüpft sich überhaupt mit dem Gedanken von Herrschaft, siehe 57₁₃₋₂₂: »Hierauf traf die Mutter mehrere, die Sicherheit des Fremden, wie sie sagte, abzweckende Veranstaltungen; befahl Toni, die Fensterladen zu verschließen, und zündete selbst, um die Nacht, *die dadurch in dem Zimmer herrschend geworden war,* zu zerstreuen, an einem auf dem Kaminsims befindlichen Feuerzeug, nicht ohne Mühseligkeit, in dem der Zunder nicht fangen wollte, ein Licht an.« (Herv. v. mir).

ben wären, um der Bewahrung des Textsinnes willen, besser beraten gewesen, hätten sie die von der Vorlage doch wohl kontrolliert[53] eingeführte Unterscheidung zwischen der konventionellen Abkürzung »Hr.« und dem ausgeschriebenen »Herr« beibehalten.[54] Diese bringt nämlich nicht nur zur Darstellung, wie sehr die Dominanz[55] von Subjekten über Subjekte zu einer konventionalisierten geworden ist, sondern ebenso, wie stark sie das persönliche Verhältnis zu den Herrschenden bestimmt. »Hr.« ist auch Zeichen einer Anredeform. Überdies kommt bei Einebnung der Schreibweisen der in ihnen markierte Unterschied zwischen geschriebener und gesprochener Sprache – ein Unterschied, den Kleists Interpunktion ebenfalls betont – nicht mehr zum Tragen.

BKA II 4,31
BKA II 4,8
BKA II 4,31

Der »Wahnsinn der Freiheit«,[56] von dem es heißt, er habe, »auf die unbesonnenen Schritte des National-Convents« hin, »alle diese Pflanzungen ergriffen«,[57] führt jedoch, was sich insbesondere an Kleists Schilderung des Verhältnisses der Neger zu Congo Hoango beobachten läßt,[58] nicht zur Aufhebung von Herrschaft. Im Gegenteil: Er mündet in die Dominanz »Schwarzer« über »Schwarze«. Darin zeigt sich aber, daß die Herrschaft der Weißen in Wahrheit auch nur eine äußerliche war. Das eigentlich Herrschende in Kleists Text ist nicht etwa eine Partei. Über den Gedanken von »Partei« noch hinaus geht, wie schon mit Bezug auf die Rede von der »Farbe« auszuführen war, als tatsächlich Dominierendes die Reflexionsform der Entgegensetzung.

BKA II 4,9
BKA II 4,7

Es kann dann auch nicht verwundern, daß Kleist bereits mit dem ersten Satz der Erzählung auf die spezifische Art des Bezuges zu sprechen kommt, der zwischen den zerrissenen, atomisierten und ortlosen Individuen und der »Erde« herrscht, die nämlich des »Antheil[s]«, und näher: des Besitzes. Was immer ist, ist nichts an sich selbst, sondern je in Beziehung zur Eigen-

---

53 *Wie* kontrolliert, mag daraus hervorgehen, daß der Text in dem Augenblick die Titulatur »Hr.« fallenläßt, als Strömli an die Pinie – dem nordamerikanischen Freiheitsbaum – anlangt, wo Toni auf die Reisegesellschaft wartet. Mit einer Ausnahme, in der bezeichnenderweise von »Hrn. Strömli« berichtet wird, er habe die »Hausthür [...] *verriegelt*« (79₁₁₋₁₂; Herv. v. mir), ist von da an nur noch von »Herrn Strömli« die Rede.

54 Unerfindlich bleibt, warum in Strellers Ausgabe die differenzierende Kleistsche Schreibweise im Abdruck des »Marionettentheater«-Aufsatzes beibehalten wird (*SW [ed. Streller]* III 473 ff.), im Text der Erzählung jedoch nicht. Der Unterschied, daß in der Exposition der »Verlobung« der Ausdruck »Herr« den Bezug auf Gott in sich aufnehmen kann, die Abkürzung »Hr.« jedoch nicht, kann in einer solchen Edition nicht mehr gewahrt werden.

55 Wie sehr die Frage nach der Herrschaft in das gehaltliche Zentrum der Erzählung führt, gibt – erinnert man sich an die Etymologie des Namens »Domingo« – schon die Überschrift zu erkennen.

56 Auch diese Wendung ist doppeldeutig, denn sie meint sowohl den Wahnsinn, der von der (abstrakten) Freiheit herrührt, als auch dies, daß es *nur* der Wahnsinn – i.e. nicht der wahre Sinn – der Freiheit ist. Beide Lesbarkeiten stehen aber nicht gleichgültig nebeneinander, sondern sind ebenso aufeinander zu beziehen. Die Rede vom »Wahnsinn der Freiheit« kritisiert dann aber die ungebundene Freiheit als eine, wie Hegel sagen würde, *formale*, der nur erst der *Schein* von Freiheit zukommt.

57 Zum historischen Hintergrund cf. Buch, *Die Scheidung von San Domingo*, a. a. O. (Anm. 8).

58 Das hierarchische Gefälle zwischen Congo Hoango und den anderen Negern spricht Kleists Text u. a. dadurch aus, daß jener seine Bleibe im Haus des »Hrn. Villeneuve« hat, diese jedoch in den »Ställe[n]« hausen (81₁).

sucht der Individuen und Völker.⁵⁹ Im Besitz aber schreibt sich der »Antheil« jedes gegen jeden materiell fest. Die Möglichkeit konkreter Allgemeinheit der Verhältnisse der Menschen untereinander und zu dem, worin sie zu sich und zueinander finden, hat sich, wie Hegel sagen würde, »in die Besonderheit verloren«.⁶⁰ Die Ortsbestimmung der Kunst, die Kleist gibt, macht diese im Zentrum der *bürgerlichen Gesellschaft* aus.⁶¹ In ihr ist, wie wiederum Hegel schreibt, »jeder sich selbst Zweck, alles andere ist ihm nichts«.⁶² Zwischen Privatem und Öffentlichem klafft eben jene Kluft, von der schon oben bemerkt worden ist, daß die Einsicht in sie Kleist dazu geführt hat, auf der Ebene des Erzählten die Schilderung einer Verlobung zu vermeiden. Daß diese Gesellschaft nicht auf Grund des Vorherrschens egoistischer Privatinteressen in sich zusammenstürzt, verdankt sie paradoxerweise – und vielleicht hat Kleist jenes Bild zunehmend auch seiner politischen Bedeutung wegen beschäftigt⁶³ – dem Umstand, daß alle Steine des Gewölbes gleichzeitig fallen wollen. In dieser letztlich von Zufällen abhängigen Gesellschaft ist die Sittlichkeit »in ihre Extreme verloren«.⁶⁴ Kleists Erzählung, die sich *nicht* zufällig stofflich auf die Auswirkungen der Großen Französischen Revolution, welche man auch die bürgerliche genannt hat, bezieht, nimmt diesen Verlust als triviale Voraussetzung. Tonis sprechendes Sprachversehen von der »Unmenschlichkeit der *Gattung*« Mensch bezeichnet präzise den status quo. *BKA II 4,52 f.*

So kommt es, daß Kleists Text die Familie Hrn. Strömlis, mit Attributen der Heiligen versehen, auf die Flucht schickt. Ist es doch gerade das die Familienstruktur tragende Verhältnis der Verwandtschaft,⁶⁵ das in der bürgerlichen Gesellschaft Sittlichkeit noch bewahrt hat; ein Befund, der jedoch nicht die Augen dafür trüben kann, daß auch die Familie die Gefahr der Auflö-

---

59 Cf. Adelung, *Grammatisch-kritisches Wörterbuch der Hochdeutschen Mundart*, a. a. O. (Anm. 11), s.v. Antheil, I Sp. 391: »ein Theil eines Ganzen, in Beziehung auf dessen Besitzer. 1) In eigentlicher Bedeutung, der Theil eines körperlichen Ganzen, so fern er jemanden angehöret oder bestimmt ist; durch welche Einschränkung es sich von dem bloßen Theil unterscheidet.«
60 Georg Wilhelm Friedrich Hegel, *Grundlinien der Philosophie des Rechts*, Ffam. 1970 (= G. W. F. Hegel, Werke, hg. v. Eva Moldenhauer und Karl Markus Michel, Bd. 7), § 229, 381.
61 Im Sinne Hegels (cf. die berühmten Abschnitte der *Grundlinien der Philosophie des Rechts*, a. a. O. [Anm. 60], §§ 182 ff.)
62 Ebd. § 182, Zus., 339.
63 Cf. den Brief vom 16. November 1800 an Wilhelmine von Zenge: »Warum, dachte ich, sinkt wohl das Gewölbe nicht ein, da es doch *keine* Stütze hat? Es steht, antwortete ich, *weil alle Steine auf einmal einstürzen wollen* – und ich zog aus diesem Gedanken einen unbeschreiblich erquickenden Trost, der mir bis zu dem entscheidenden Augenblicke immer zur Seite stand, daß auch ich mich halten würde, wenn alles mich sinken läßt.« (*SW [ed. Sembdner]* II 592; vgl. »Penthesilea« Vs. 1349 f., *SW [ed. Sembdner]* I 367). Der Trost, den man aus diesem Bild ziehen kann, dürfte freilich nicht sehr groß sein, denn es bleibt, allen Beschwörungen zum Trotz, ein Bild allgemeiner Haltlosigkeit.
64 Hegel, *Grundlinien der Philosophie des Rechts*, a. a. O. (Anm. 60), § 183, 340.
65 Daß die Rede von der Verwandtschaft sich indes nicht nur aufs Physische erstreckt, läßt sich der Schilderung des Verhaltens von Babekan entnehmen, die Toni, nachdem diese sich dazu entschlossen hat, ihre Mutter um des »Fremden« willen zu täuschen, »unverwandt« betrachtet (51_{20}) – weil sie nicht weiß, ob sie ihrer Tochter trauen kann. – Daß auch die zwölfköpfige Familie Herrn Strömlis stets vom »Auflodern« und Entzweiung bedroht bleibt, hat Kleist u. a. dadurch angedeutet, daß er ihren Gang zur Pinie über »den Weg durchflechtende[...] Kienwurzeln« führt (73_{23}); eine Angabe, die überflüssig wäre, sollte hier nicht mitgelesen werden, daß der »Kien« »das mit Harz gesättigte Holz der Kiefer [ist], welches sehr leicht und hell brennet, und daher so wohl zum Leuchten als zum Anmachen des Feuers gebraucht wird« (Adelung, *Grammatisch-kritisches Wörterbuch der Hochdeutschen Mundart*, a. a. O. (Anm. 11), s.v. Kien, II Sp. 1569).

sung zu gewärtigen hat. Und diese Gefahr ist keineswegs nur die äußerliche, vom Neger Congo Hoango überwältigt und ermordet zu werden. Obschon sich die Kraft der Reflexion innerhalb des Familienverbandes nicht derart reißend auswirkt wie außerhalb seiner, gibt es doch, um nur vom Offensichtlichsten zu reden, zu denken, daß der nicht nur über den Namen mit Congo Hoango verbundene Hr. Strömli[66] im Konflikt mit dem Neger auch mit dem unmenschlichen Mittel des Kindesmordes droht; nichts im Text spricht dafür, daß er gezögert hätte, es anzuwenden. –

Die Angaben, die Kleists Text zu den Gründen macht, eines der Mitglieder der Familie in die »Pflanzung« und »Niederlassung« zu schicken, sind, wollte man sie wörtlich verstehen, nicht sonderlich plausibel. Schon die Rede von der »Rettung« wirkt, unmittelbar genommen, übertrieben. Niemand käme auf den Gedanken, sich schon gerettet zu sehen, erhielte er für seine noch fünf Tage dauernde Reise mitten durch Feindesland »einige Körbe mit Lebensmitteln und Erfrischungen«. Dieser Rede kommt erst dann ein wohlbestimmter Sinn zu, bedenkt man, daß im Einleitungsabschnitt der Erzählung der Ausdruck »Rettung« an die »Überfahrt« von einer *Insel* zur anderen gebunden war. Die Vermittlung, die damit angezeigt wird, ist auf dem Hintergrund der Frage zu lesen, wie die unter der Bedingung abstraktester Äußerlichkeit und Entgegensetzung *isolierten* Individuen noch kommunikativ-frei sich zueinander ins Verhältnis setzen können. Auf der »Überfahrt« war auch die »Stelle« gewesen, wo »Freiheit« geschenkt wurde, und dies macht es wahrscheinlich, daß »Rettung« nicht zu denken ist ohne ein Enden von Herrschaft. Der »Reisegesellschaft«, wie sie ihrer Ortlosigkeit halber von Babekan treffend genannt wird, kommt es jedoch nicht nur auf Ver-Mittlung – »wenn ihr uns die *Mittel* verschafft, diese Stadt zu erreichen, so werden wir euch ewig als die Retter unseres Lebens ansehen« – überhaupt an. Sie muß eine besondere Qualität haben.

BKA II 4,19
BKA II 4,19
BKA II 4,7
BKA II 4,7
BKA II 4,18
BKA II 4,19

Wenn die Familie den »Fremden« wegen des Essens und Trinkens in die »Pflanzung« und »Niederlassung« schickt, kann eine solche Angabe schon darum nicht wörtlich verstanden werden, weil nach Auskunft der Erzählung selbst im »Möwenweiher« genug Wasser und Fische vorhanden sein dürften, um das Überleben der Familie zu sichern. Es ist denn auch gar nicht solche Speise, auf die die Familie aus ist, sondern – der Text nennt es hinreichend explizit – die sakramentale von »Brod und Wein«. Deren vereinigende Kraft ist es, an der es der »Reisegesellschaft« in Wahrheit fehlt. An der von ihr gehegten

BKA II 4,56
BKA II 4,19

---

[66] Die – dem Bereich des Erhabenen entstammende – Vorstellung vom »Strom« und das Verkleinerungssuffix gehen in diesem Namen eine seltsame Verbindung miteinander ein. Die extensive Spannung, die in dem Namen des Negers ihren Ausdruck findet, ist wie nach innen gewendet.

Hoffnung, in dem »einsam an der Landstraße [!]« liegenden Haus zu erhalten, wessen sie bedarf, läßt sich ein weiterer Hinweis auf den Bezug von Gesellschaft, Religion und Kunst ablesen, der in Kleists Erzählungen vor dem Horizont entstellter Kommunikationsbedingungen durchweg die Gestalt des Problems annimmt. *BKA II 4,9*

Der Text plaziert das Haus, in dem Babekan und Toni sich aufhalten und in das der »Fremde« begehrt eingelassen zu werden, irgendwo zwischen Anfang und Ende des Weges »quer durch das ganze Land«. Die Namen der Orte, die durch die Flucht der Familie miteinander in Verbindung stehen, »Port au Prince« und »Fort Dauphin«, lassen sich wiederum *nicht* problemlos realgegenständlich auflösen: Während des Zeitraums, über den sich die Erzählung erstreckt, ist es durchaus nicht selbstverständlich, daß die beiden Orte Namen haben, die sich derart offensichtlich auf das Feudalregime beziehen.[67] Man wird sich daher der Frage zu stellen haben, ob es nicht sein könnte, daß mit den Orten, die in der »Verlobung« genannt werden, nur ganz am Rande geographische und historische Markierungen gesetzt werden. Daß der Ort »Sainte Lüze«, gegen Ende der Erzählung mit bemerkenswertem Nachdruck betont, auf der Landkarte erst gar nicht mehr aufzufinden ist, macht eine »realistische« Deutung vollends unmöglich.[68] Die befremdlichen Ortsnamen aber erhalten ihren *poetischen* Sinn dadurch, daß sie insgesamt sprechend sind für und durchsichtig auf das dem Text zugrundeliegende Problem. *BKA II 4,30*   *BKA II 4,82; 90*

Die Vermittlung, die die Familie mit ihrer Flucht zu leisten sucht, ist die zwischen dem befestigten und auf mögliche Angriffe und Verteidigung hin konzipierten Ort des Thronfolgers (Fort Dauphin) und dem geschützten und weltoffenen Hafen des regierenden Fürsten (Port au Prince).[69] Die räumliche Distanz impliziert darum versteckt eine zeitliche: Die Personen von Kleists Erzählung bewegen sich gewissermaßen innerhalb eines Interregnums, dessen Ende noch nicht abzusehen ist. Auf dem Hintergrund der Aussendung des »Fremden« nach »Brod und Wein« wird dieses in erster Linie als ein geistlich-religiöses zu verstehen sein, und es gehört in diesen Zusammenhang, daß der »ehrwürdige[...] alte[...] Greis« Strömli als Emblem einen *BKA II 4,18*

---

67 So ist die Verfassung der Insel St. Domingue vom 8. Mai 1801 proklamiert zu »Port Républicain, vormals Port-au-Prince« (cf. Buch, *Die Scheidung von San Domingo*, a. a. O., Anm. 8 127). Das muß nicht bedeuten, daß die alten (und bald wieder neuen) Namen nicht auch noch gebräuchlich waren; wohl aber ist mit deren Verwendung immer schon eine Einstellung des Redenden zum Ausdruck gebracht.
68 Der Name des Ortes hat einerseits Bezug auf Toni, indem der Hl. Lucia als Attribute auch Lampe und Kerze zukommen (cf. Hiltgart L. Keller, *Reclams Lexikon der Heiligen und der biblischen Gestalten*, Legende und Darstellung in der bildenden Kunst, Stuttgart ⁴1979, 338). Überdies aber ist wichtig, daß Sankt Luciä, der 13. Dezember des Jahres, traditioneller Ehetermin ist (cf. den Kommentar von Winfried Theiss zu Hebels »Unverhofftem Wiedersehen«, in: *Schatzkästlein des rheinischen Hausfreundes*, Kritische Gesamtausgabe mit den Kalender-Holzschnitten, Stuttgart 1981, 414).
69 Eine Edition des Kleistschen Textes sollte es auch vermeiden, die in den Zusammenhang dieses Gedankens gehörende Hervorhebung der Rede vom Ersten (Großschreibung), wie sie schon eingangs der Geschichte beobachtet werden kann (»war[...]einer der Ersten, der die Büchse ergriff, [...]« 8_{14-18}), zu unterdrücken.

BKA II 4,73	»Säugling« und also eine Hoffnung mit sich führt. Daß die Gestalten der Kleistschen Dichtung nicht glauben können, gehört zu der faktischen Ortlosigkeit der »Reisegesellschaft« ebenso wie der in der Angabe von Ausgangs- und Endpunkt ihres Weges versteckte Hinweis auf die beständige Abwesenheit des Einen und Ersten auf dem »ungeheuren Weg«,[70] der, gelänge es, ihn *zurück-zu-legen,* vielleicht tatsächlich Vermittlung leisten könnte. Solange dies aber nicht der Fall ist, befinden sich alle, wie Kleists Text sagt, »in Einer Verdammniß [...] – „Beim Himmel!"«.
BKA II 4,17	
BKA II 4,17	
BKA II 4,20	

Wenn die »Reisegesellschaft« auf ihrem Weg den »Fremden«, der so heißt, weil er unterwegs ist und sich am schärfsten der Differenz aussetzt,[71] um »Brod und Wein« in jene bedrohliche »Zuflucht« – das künstliche Asyl der Kunst – ausschickt, dann avanciert Kunst zur einzigen verbliebenen Möglichkeit, die traditionell in der Religion aufgehobenen Gehalte in der Mitte eines von Differenz und den »wütenden« Privatinteressen der Gesellschaftsmitglieder zerrissenen Lebens noch anzutreffen – auf die Gefahr hin, einem falschem Trost zu erliegen. Wird das ästhetische Gebilde nicht angemessen aufgenommen, so ist, dem letzten und paradoxalen[72] Satz des Einleitungsabschnittes zufolge, »un*mittel*barer Tod das Loos der Armen, die sich durch diese Künste hatten *täuschen* lassen«. Und das wäre, folgt man der Intention von Kleists Text, durchaus wörtlich zu nehmen: Ohne adäquate Übernahme der Kunst gäbe es keine Mitte im Leben, wo es sich zu einem menschlichen zu sammeln vermöchte. Es verendete trostlos und ohne kommunikative Erfahrung im wiederum vom Zufall bestimmten Tode. Wäre dies aber alles, die Worte Babekans erführen ihre stärkste Affirmation: »wir wären Alle, das könnt ihr glauben, Kinder des Todes«. Der Tod allein könnte dann noch für sich in Anspruch nehmen, Verwandtschaft unter den isoliert Lebenden zu stiften.

BKA II 4,19
BKA II 4,18

BKA II 4,10

BKA II 4,22
– »Das einzige Werk und Tat der allgemeinen Freiheit ist daher der *Tod,* und zwar ein *Tod,* der keinen innern Umfang und Erfüllung hat, denn was negiert wird, ist der unerfüllte Punkt des absolut freien Selbsts; er ist also der kälteste platteste Tod, ohne mehr Bedeutung als das Durchhauen eines Kohlhaupts oder ein Schluck Wassers...«

Die Rede vom Tod begegnet in Kleists allegorisierender Erzählung jedoch auch in einer anderen Bedeutung, die zwar mit der ersten zusammenhängt, nicht jedoch in ihr aufgeht. Indem es der Tod ist, der allein noch einen, wenngleich leeren Zusammenhang stiftet, so bietet es sich an, von ihm auch dort zu spre-

---

70 Das Wort »geheuer« hängt über idg. *kei- mit gr. keimai und nhd. »Heim« zusammen (cf. Friedrich Kluge, *Etymologisches Wörterbuch der deutschen Sprache,* Berlin/New York [21]1975, s.v. geheuer, 241), so daß die Wendung vom »ungeheuren Weg« auch auf die Heimat- und Ortlosigkeit der »Reisegesellschaft« zu beziehen ist.
71 Cf. zum Zusammenhang von »Fremde« und Unterwegssein: Martin Heidegger, *Die Sprache im Gedicht,* Eine Erörterung von Georg Trakls Gedicht, in: ders., Unterwegs zur Sprache, Pfullingen [5]1975, 41. Zum Zusammenhang von »Fremde« und Differenz vgl. Vf., »*Die eigene Rede des andern*« (in Vorb.) – Unrichtig ist im übrigen Schunichts Auffassung (*Die Erzählungen Heinrich von Kleists,* a. a. O. [Anm. 4], 101), daß die Rede vom »Fremden« erst *nach* der – von ihm so genannten – »Verlobungsszene« (ebd.) begegne. Richtig ist vielmehr, daß *vor* dem Übergang in den zweiten Teil der Erzählung *nahezu ausschließlich* von ihm als von dem »Fremden« gesprochen wird.
72 Paradoxal deshalb, weil man zum »Loos« greift, gerade um eine Entscheidung zu vermitteln, bzw. das »Los« das Schicksal meint, »so fern man dasselbe *nicht* unmittelbar sich selbst zu verdanken hat« (Adelung, *Grammatisch-kritisches Wörterbuch der Hochdeutschen Mundart,* a. a. O. [Anm. 11], s.v. Los, II Sp. 2100; Herv. v. mir.).

chen, wo der selbstsüchtige Eigenwille der Personen erlischt. In der Flucht dieses Gedankens koinzidieren Sterben und Liebesakt. Bereits in der Exposition ist das in einer doppeldeutigen Wendung vorgetragen, wenn Babekan die Toni dazu ermuntert, »den Fremden keine Liebkosung zu versagen, bis auf die letzte, die ihr bei Todesstrafe verboten war«.[73] Der Zusammenhang von Tod, Liebesakt und Erlöschen der Eigenmacht ermöglicht aber auch eine erste Antwort auf die Frage, warum es gerade der »Fremde« ist, der den Weg ins ominöse Asyl der Kunst findet.

BKA II 4,10

Dieser berichtet nämlich Babekan gleich zu Anfang der Erzählung, die Bedienten der Familie hätten die »Furcht, ergriffen und getödtet zu werden«, davon abgehalten, »die entscheidenden Schritte [i.e. an Brot und Wein zu gelangen] [...] zu thun, dergestalt, daß ich mich selbst heute mit Gefahr meines Lebens habe aufmachen müssen, um mein Glück zu versuchen«. Nahezu jedes der ausgesprochenen Kola ist hier ambigue. Denn die Furcht vor dem Ergriffenwerden geht nicht allein auf das Physische, sondern ebenso auf die Möglichkeit der Erschütterung und Befremdung durch die Kunst, in der die egoistische Eigenmacht ihren Untergang findet, um als geläuterte in der »unauslöschlich[en]« Erfahrung konkreter Allgemeinheit einen möglichen Aufgang gewährt zu bekommen.[74] Voraussetzung hierfür ist allerdings, sich »mit Gefahr« des »Lebens« – eine Wendung, die eigens noch zu bedenken wäre – auf-, und d. h.: *offen* zu machen, damit ein anderes überhaupt einzutreten vermöchte. Daß über den Ausgang dieser Unternehmung freilich nichts zu entscheiden und die Einübung in dieses Verhalten ein Wagnis ist, spricht sich im letzten Teil des zitierten Satzes aus, der das »Glück« nicht nur als Ziel, sondern auch als in Versuchung zu führendes meint. Der »Fremde« aber ist der Einzige, der die darin liegende Gefahr des trostlosen Untergangs – wie es später heißt: in »eine[r] Mischung von Begierde und Angst«, den Extremen der wirkungsästhetischen Dichotomie von Lust und Unlust – noch auf sich nimmt.

BKA II 4,19

BKA II 4,42

BKA II 4,44

Die Kunst, die Kunst / Der Eindringling wird gefesselt / Als ob ...

Die Kunst, sofern sie in einer Welt erscheint, die von abstraktester Entgegensetzung beherrscht wird, zerfällt nach ihrer täuschenden Außenseite hin selbst in Doppelheiten. So erklärt es sich, daß ihr weiterer Bereich in Kleists Erzählung sowohl als

–»*Maulesel* und *Maultier*, Bastarde von Pferd und Esel. Der M a u l e s e l (Equus hinnus), der Bastard von Pferdehengst und Eselstute, hat die unansehnliche Gestalt, die geringe Größe und die längern Ohren der Mutter und vom Pferd nur den dünnern und längern Kopf, die vollern Schenkel, den seiner ganzen Länge nach behaarten Schwanz und die wiehernde Stimme. Man gebraucht die Maulesel zum Lasttragen, sie werden aber seltener (Spanien und Abessinien) gezüchtet als das nützlichere Maultier. Das M a u l t i e r (E. mulus), der Bastard

---

73 Diese Formulierung müßte einläßlicher interpretiert werden, denn die – nicht nur – ausweichende Rede vom Verbot der letzten Liebkosung ist auch dahingehend zu verstehen, daß es Toni verboten ist, mit dem Liebkosen *aufzuhören*. Die Rede von der »Todesstrafe« aber wäre näher zu bedenken in ihrem Zusammenhang mit dem Wortlaut des Mandats, »in welchem allen Schwarzen *bei Lebensstrafe* verboten war, den Weißen Schutz und Obdach zu geben« (51₁₋₃; Herv. v. mir).
74 Auf den christologischen Hintergrund dieser Möglichkeit spielt noch die befremdliche Wendung vom »dritten Tage, wenn er vorüber wäre,« (46 ₂₀₋₂₁) an.

von Eselhengst und Pferdestute, hat fast die Größe und Gestalt des Pferdes, unterscheidet sich von diesem aber besonders durch die Form des Kopfes, die längern Ohren, den an der Wurzel kurzbehaarten Schwanz, die schmächtigen Schenkel und die schmälern Hufe, welche an den Esel erinnern. Es ähnelt in der Färbung gewöhnlich der Mutter, hat aber die Stimme des Vaters. Da Pferd und Esel sich niemals freiwillig kreuzen, so bedarf es zur Züchtung der Bastarde von ihnen besonderer Kunstgriffe. Gewöhnlich verbindet man der Pferdestute, welche durch einen Eselhengst beschlagen werden soll, die Augen, führt ihr auch wohl zuvor einen schönen Pferdehengst vor und vertauscht diesen dann mit dem Esel. Mit dem Pferdehengst verfährt man ebenso. Weit leichter lassen sich Pferd und Esel zur Paarung bringen, wenn sie zusammen erzogen und von Jugend auf aneinander gewöhnt sind, wodurch die natürliche Abneigung, die beide Gattungsverwandte sonst gegeneinander zeigen, fast verschwindet. Bereits die alten Römer ließen Esel und Pferde, welche zur Maultierzucht benutzt werden sollten, zusammen leben, und in Spanien und Südamerika beobachtet man noch jetzt dieses Verfahren. Die Pferdestute trägt das Maultier etwas länger als ihr eignes Fohlen, und sehr häufig sind Fehlgeburten; das neugeborne Maultier steht aber weit eher auf den Beinen als das junge Pferd, auch dauert sein Wachstum länger; unter vier Jahren darf man es nicht zur Arbeit anhalten, dafür ist es aber auch meist bis zum 20. und 30., ja nicht selten bis zum 40. Jahr brauchbar. Das Maultier vereinigt die Vorzüge beider Eltern in sich: die Genügsamkeit und Ausdauer, den sanften, sichern Tritt hat es vom Esel, die Kraft und den Mut vom Pferd. Ein gutes Maultier trägt eine Last von 150 kg und legt mit ihr täglich 6–7 Meilen zurück. In Spanien benutzt man es auch allgemein als Zugtier. Maultiere und Maulesel pflanzen sich zwar in der Regel nicht fort; doch sind seit den ältesten Zeiten Beispiele bekannt, daß diese Blendlinge wiederum Junge erzeugten.« –

»Pflanzung« als auch als »Niederlassung« angesprochen wird; beides Ausdrücke, die ihrerseits noch einmal doppeldeutig sind,[75] für die ich aber hier nur festhalten möchte, daß sie auf gegenläufige Bezüge in der Vertikalen und damit auf den Doppelcharakter der Kunstwerke verweisen: einerseits von Menschen hergestellt worden zu sein, andererseits über ein solches Produzieren weit hinauszureichen, indem sie auf eine sich dem Begriff entziehende Art und Weise von geistiger Präsenz zeugen. Eine »Pflanzung« ist das Werk von Menschen, die Land urbar gemacht haben, auf dem etwas der Sonne *zu*wächst. Umgekehrt dazu verhält sich die Bestimmung, das Haus, in dem sich alles zuträgt, befinde sich auf einer »Niederlassung«. Sie nennt wörtlich das, was auf ein bestimmtes Stück Land von oben herab so *sich läßt*, daß dort der Mensch seine Wohnung haben kann. In der allegorischen Bewegung des Textes gilt diese Doppelbestimmung aber auch für Kleists Text selbst. Die weitere Doppelheit, die schon zu Anfang der Erzählung an der Erwähnung des Hauses von »Hrn. Villeneuve« bemerkenswert war, die nämlich, daß das Hauptgebäude der »Pflanzung« *und* »Niederlassung« als zerstörtes, nurmehr in der Idealität zu erinnerndes, zugleich aber als real bestehendes ausgewiesen wird, ist dann jedoch nicht mehr länger eine Inkohärenz des Kleistschen Textes, sondern eine genaue poetische Darstellung von Kleists Einsicht in die Seinsweise von Kunst als einer des *Anscheins*.

Dem Bereich des Anscheins gehören auch die Bewohner des Hauses[76] an, und so erscheinen auch sie in einer Doppelheit. Daß diese gleichwohl auf Vermittlung weist, ergibt sich schon äußerlich aus ihren Charakterisierungen und den Eigennamen, die ihnen Kleist verliehen hat. So ist »Babekan« eigentlich ein – von Wieland entlehnter[77] – Männername; »Toni« hingegen sowohl Frauen- als auch Männername. Daß beide Frauengestalten als Mischlinge eingeführt werden, gehört ebenso in die Anzeige einer vermittelnden Sphäre wie Kleists Unterscheidung in der Geschlechtsendung, die Babekan fortlaufend als »Mulattinn«, Toni hingegen als »Mestize« anspricht.[78] Die Unterscheidung zwischen »Mulattinn« und »Mestize« signalisiert indes zugleich auch einen bedeutsamen Unterschied in der Erscheinungsweise von Kunst.

---

75 Bei dem Wort »Niederlassung« liegt das auf der Hand, denn es kann sowohl wörtlich als auch metaphorisch (mit Blick auf den Geist) verstanden werden. Eine »Pflanzung« aber ist nicht nur »ein gepflanzter Ort oder angepflanzter Ort« im eigentlichen Sinne, »wo ein jeder Ort, welchen man ur- und wohnbar gemacht, und mit Gewächsen bepflanzet hat, so genannt werden kann«, sondern auch der, »welcher durch fremde, dahin verpflanzte Einwohner angebauet worden« (Adelung, *Grammatisch-kritisches Wörterbuch der Hochdeutschen Mundart*, a. a. O. [Anm. 11], s.v. Pflanzung, III Sp. 735).

76 Das ist an einer signifikanten Stelle des Textes wiederum am gespannten Verhältnis von Syntax und Semantik abzulesen. Denn als der Fremde Toni fragt, wer in dem von ihm aufgesuchten Haus wohne, erhält er zunächst zur Antwort: »„Niemand, bei dem Licht der Sonne,"« und erst nach dem erzählenden Einschub (»sprach das Mädchen«), modifiziert und verschiebt sich der Sinn zu einem »„Niemand, bei dem Licht der Sonne, [...] als meine Mutter und ich!"« (15_{6-8}).
77 Cf. den Hinweis *SW (ed. Schmidt)* III 438 und ihm folgend *SW (ed. Sembdner)* II 904.
78 Siehe 8_3; 9_{18} passim.

Mit Babekan ist im wesentlichen der gehaltlose und unfruchtbare Teil der Kunst in die Äußerlichkeit gewendet, der mit jener Macht paktiert, welche das Abgeschnittensein vom »Vaterlande« mit »Wuth« quittiert. Daß diesem Verhalten die Sicht getrübt ist, macht der Text mit der Erwähnung von Babekans Brille hinlänglich deutlich. Dennoch kommt ihm auch eine positive Aufgabe zu – als schützendes. Die Worte der Babekan, das »Eigenthum«, das sie und Toni »in mühseligen und jammervollen Jahren durch die Arbeit [...] [ihrer] Hände erworben« hätten, reize »dies grimmige, aus der Hölle stammende Räubergesindel«, und deshalb sei es notwendig geworden, sich »durch List und den ganzen Inbegriff jener Künste, die die Nothwehr dem Schwachen in die Hände giebt, vor ihrer Verfolgung zu sichern«, gelten durchaus für die immanente Notwendigkeit des Scheincharakters der Kunst.[79] Daß Babekans Schwindsucht, eine Krankheit der oft erwähnten Brust,[80] von einer unverdienten Strafe herrührt, die sie sich zuzog unter Verhältnissen, die das Auseinanderklaffen von Sein und Bewußtsein bei Herrschaft von diesem über jenes voraussetzten,[81] motiviert innerhalb der Stoffschicht der Erzählung so sehr ihr Verhalten, daß sogar der Erzähler nach der Wiedergabe der Anamnese das befremdliche Zeichen der doppelten Gedankenstriche setzt.[82] Sofern der Scheincharakter der Kunst sich jedoch absolut setzt und die Herrschaft über das Haus an sich reißt, mißrät die Kunst zur betrügerisch täuschenden, in der niemand mehr wahrhaft Unterkunft finden kann. Schlimmer noch: sie verhindert im Dienste der bestehenden Herrschaftsverhältnisse die Vermittlung, die – wie utopisch auch immer – stets noch möglich bleibt. Ein klares Bewußtsein hiervon spricht sich aus in Babekans Plan: »Die Gesellschaft selbst, schloß [83] sie, müsse inzwischen, damit sie nicht weiter reise, mit Lebensmitteln versorgt, und gleichfalls, um sich ihrer späterhin zu bemächtigen, in dem Wahn, daß sie eine Zuflucht in dem Hause finden werde, hingehalten werden«.

BKA II 4,8
BKA II 4,16; 20

BKA II 4,20 f.

BKA II 4,29

BKA II 4,47

Der Widerstand Tonis gegen diesen Plan ist nicht nur äußerlich motiviert, sondern rührt zuletzt daher, daß sie als Mestize, unwahrscheinlich genug und in ausdrücklichem Widerspruch zu der von Babekan behaupteten Filiation,[84] partiell abstammt

– »Der Ostindianer giebt durch Vermischung mit dem Weißen den *gelben Mestizen*, wie der Amerikaner mit demselben den *rothen* und der Weiße mit dem Neger den *Mulatten* ...« –

79 An dieser Verteidigungsrede Babekans zeigt sich, daß Kleists Reflexion der Kunst und insbesondere der notwendigen *Dunkelheit* der Kunst weit ins 20. Jahrhundert (Beckett, Celan) reicht.
80 Die Brust ist dabei nicht allein Ort der Empfindung. Sofern die Schwindsucht die Lunge und also das Ein- und Ausatmen betrifft, ist mit diesem Krankheitsbefund innerhalb des Textes auch Störung der Austausch- und Kommunikationsfähigkeit angezeigt. Vgl. auch als Gegenbilder hierzu die beiden in charakteristischer Umkehrung des ein- und ausatmenden Subjekts zueinander stehenden Stellen: »[...] und während er [i.e. der »Fremde«] sie [i.e. Toni] auf seinen Knieen schaukelte, und den süßen Athem einsog, den sie ihm heraufsandte, [...]« (38_{21-23}) – »Sie neigte sich sanft über ihn und rief ihn, seinen süßen Athem einsaugend, beim Namen; [...]« (64_{2-3}).
81 Cf. oben Anm. 47.
82 Dieses Ereignis (29_{13}) ist keines auf der Ebene des Erzählten, sondern auf der des Erzählens.
83 Man kann das Wort »schließen« bei der Charakterisierung Babekans durchaus in doppeltem Sinne lesen; ist sie es doch, deren kalkulierende *ratio* als täuschende zugleich das Freie und Offene menschlicher (und vielleicht auch anderer) Verhältnisse verschließt.
84 Vgl. oben S. 3 und ebd. Anm. 8

BAK II 4,8

von den Ureinwohnern Haitis, mithin nicht abkünftig ist von einem Volksstamm, der »seinem Vaterlande entrissen« wurde. Sie vorzüglich vermittelt die ansonsten innerhalb der Erzählung getrennten Bereiche von Idealität und Realität, Traum und Wachen, Verstand, Empfindung und Handeln.[85] Sprechend auch, daß sie es ist, die mit dem »Hauptschlüssel, der alle Gemächer des Hauses schloß [86]«, »über den schmalen Gang, der das Gebäude *durchschnitt*, dem Schlafgemach des Fremden zu[schreitet]«, und Kleists Text eigens hinzufügt, daß sie diesen vermittelnden Weg »ohne Licht«, d. h. vor aller Auseinanderlegung in die Differenz von weiß und schwarz, hell und dunkel unternimmt.[87] Bei ihr allein hat es den Anschein, als mache sie im Fortgang der Erzählung eine Entwicklung durch. *Nach* der Vereinigung, die den ersten Wendepunkt von Kleists Text ausmacht, distanziert sie sich zunehmend von Babekan, und zwar so, daß sie deren – im schlechten Sinne – täuschende Künste gegen sich selbst wendet und sie in ein übergreifendes, auf Rettung ausgerichtetes Handeln einbezieht. Bei der Analyse der Erzählformen der »Verlobung« wird sich freilich die Unvollkommenheit auch dieser Beschreibung noch herausstellen, doch ist immerhin festzuhalten, daß, beginnend mit dem ersten Gang Tonis *nach draußen*, die Darstellung der Tätigkeiten Babekans immer stärker in den Hintergrund tritt und schließlich im dritten und letzten Teil der »Verlobung« nahezu vollständig verschwindet, als die streitenden Parteien der Gesellschaft klirrend und lärmend in das Haus eindringen. Poetologisch ist dieser Vorgang der Absorption des Scheins ein Moment der Selbstreflexion von Dichtung, die zum transparenten Bewußtsein ihrer täuschenden Außenseite kommt und sich vor das alles entscheidende Problem gestellt sieht, in dieser nicht den ihr wesentlichen Gehalt verraten zu dürfen. Daß der Dichtung, sofern sie sich in die Öffentlichkeit[88] wendet, das unmittelbare Aussprechen des Gehalts paradoxerweise dessen Verleugnung ist, gerade die Verleugnung ihm die Treue hält, lehrt bereits die – vornehmlich poetologisch relevante – Episode vom Tod der Mariane Congreve. Tonis Verhalten ist deren direkte Reflexion noch innerhalb des stofflichen Bereichs der Erzählung. Wenn Toni anfangs von Babekan »herausgeputzt« werden muß, später aber sich selbst ankleidet, so faßt diese Veränderung den reflektier-

BKA II 4,63
BKA II 4,63

BKA II 4,43

– »Durch ihre unvermeidliche Loslösung von der Theologie, vom ungeschmälerten Anspruch auf die Wahrheit der Erlösung, eine Säkularisierung, ohne welche Kunst sich nie entfaltet hätte, verdammt sie sich dazu, dem Seienden und Bestehenden einen Zuspruch zu spenden, der, bar der Hoffnung auf ein Anderes, den Bann dessen verstärkt, wovon die Autonomie der Kunst sich befreien möchte…«

BKA II 4,64 f.

BKA II 4,10; vgl. 13
BKA II 4,50

---

85 Hierzu vgl. etwa 29 $_{13-15}$: »Toni, welche den Kopf gedankenvoll auf ihre Hand gelegt hatte, [. . .]«; eine Stelle, an der man Kleists Vermögen, die Gehalte der Kunst ganz in das »Äußerliche« (Goethe) zu übersetzen, gut studieren kann. Der zitierte Passus zeigt übrigens ganz nebenbei, daß auch Kleist seine Dichtung von der Muse Melancholie inspiriert gesehen hat.
86 Eine seltsame Formulierung, über die allzu schnell hinweggelesen wird. Warum ausgerechnet Toni den »Hauptschlüssel« in der Hand hat, ist nicht mehr schwer zu beantworten. Daß aber am Schlüssel nicht seine öffnende, sondern seine schließende Funktion betont wird, wäre im Kontext allgemeinerer Überlegungen zur Dunkelheit und Verschlossenheit von Kunstwerken zu thematisieren.
87 Denn, wie auch ein Blick auf die Identifizierungsprobleme des »Fremden« bei seiner Ankunft in der Nacht lehren kann: Erst mit dem Licht tritt der Unterschied von hell und dunkel auf (cf. Spinoza, *Ethica*, II prop. XLIII, schol.).
88 Die Erzählung von der Hinrichtung der Mariane Congreve nimmt ihren Ausgang und ihr Ende ausdrücklich an einem »öffentlichen Ort« (41 $_6$).

ten Umschlag innerhalb ihres Selbstverhältnisses in die konkreteste Anschauung.

Auch die Person des »Fremden« ließe sich aus der Perspektive dieser Gedanken zum Scheincharakter der Kunst erneut diskutieren. Wenn er seine Fesselung durch Toni – der auf anderer Ebene der Reflexion die Fesselung durch die täuschende, aber darin gleichwohl gehaltvolle Kunst entspricht – mißversteht und den Sinnen mehr traut als dem geistigen Bezug zu jenem Wesen, das ihn zu retten sucht, so wird man dies nicht zuletzt im Zusammenhang einer Darstellung mißlungener Rezeption von Kunst zu deuten haben. Im einzelnen wäre dabei zu zeigen, wie der »Fremde« von Anfang an kommunikativ-unfrei sich zu den ihm anderen verhält. Das beginnt bei dem Mißtrauen, das er gleich beim Eintritt in den Innenhof der »Pflanzung« und »Niederlassung« an den Tag legt. Es setzt sich fort in dem »widerwärtige[n] und verdrießliche[n] Gefühl«, welches ihn nach seiner Erzählung von der pestkranken Negerin übernimmt, »da es ihm schien, als ob Mutter und Tochter einander ansähen, obschon er«, wie Kleists Text klar genug ausspricht, »auf keine Weise merkte, daß sie sich Winke zugeworfen hätten«. Und es findet seine konsequente Zuspitzung in dem Bestreben, »zu erprüfen [i.e. *heraus*zuprüfen], ob das Mädchen ein Herz habe oder nicht«; ein Vorhaben, das ähnlich verzerrte Vorstellungen von kommunikativen Bezügen zu seinen Voraussetzungen hat, wie sie bei Congo Hoango angenommen werden müssen, der von sich meint, die Treue des Mädchens schon zu häufig »erprobt« zu haben, um ihr mißtrauen zu können.[89] Daß selbst die vom Text ins Ideale vertragene Vereinigung mit Toni ihm nicht die Kraft gibt, ihr wider allen Anschein des Verrats zu vertrauen, scheint die Interpretation dann in der Tat zu zwingen, das *Eindringen* des »Fremden« als eine exemplarische Darstellung verfehlter Rezeption von Kunst nehmen zu müssen. Doch selbst dieses Verständnis der Inhaltsseite von Kleists Text verfällt noch dem Schein, der der Erzählung selbst thematisch ist. In der Konsequenz der soeben in groben Zügen vorgetragenen Interpretation liegt es ebenso, den Tod der Toni und also auch den des »Fremden« nicht nur als bedauerliche Zwischenfälle, die sich besser nicht hätten ereignen sollen, zu begreifen. An beider Ende kann abgelesen werden, daß die Kunst auch noch von ihrer eigenen Begrenztheit weiß. Ihr Haus liegt zwar an der »Landstraße«, die das ganze Gebiet durchschneidet und so zugleich miteinander verbindet, doch es liegt dort nicht, damit die »Reisegesellschaft« ihr eigentliches Ziel vergesse und im Hauptgebäude sich immer schon angekommen fühle. Einer ihr immanenten Notwendigkeit folgend, muß die Kunst über sich hinausweisen, und das gelingt ihr nur *im entschiedenen Unter-*

»... die Schönheit der Kunst ist – anders als die Wahrheit der Theorie – verträglich mit der schlechten Gegenwart: in ihr kann sie Glück gewähren. Die wahre Theorie erkennt das Elend und die Glücklosigkeit des Bestehenden. Auch wo sie den Weg zur Veränderung zeigt, spendet sie keinen mit der Gegenwart versöhnenden Trost. In einer glücklosen Welt muß aber das Glück immer ein Trost sein: der Trost des schönen Augenblicks in der nicht endenwollenden Kette von Unglück. ... Und bei der Isoliertheit der einsamen Individuen ist niemand da, bei dem das eigene Glück nach dem Verschwinden des Augenblicks aufbewahrt wäre, niemand, der nicht derselben Isolierung verfiele. Die Vergänglichkeit, die nicht eine Solidarität der Überlebenden zurückläßt, bedarf der Verewigung, um überhaupt ertragbar zu sein, denn sie wiederholt sich in jedem Augenblick des Daseins und nimmt den Tod gleichsam in jedem Augenblick vorweg...«

BKA II 4,33 f.

BKA II 4,36

BKA II 4,66

---

89 Daß Hr. Villeneuve glaubt, »Dankbarkeit« *beweisen* zu können (8 $_{12}$), gehört ebenso hierher.

gang, der dann allerdings von der über den u-topischen Ort »Sainte Lüze« und »Port au Prince« nach Hause in die Republik der Freien gekommenen Familie idealisch erinnert werden kann. In einer letzten Pointierung der inhaltlichen Interpretation ist darum der Mord Tonis durch den »Fremden« ein Akt höchster Absurdität, der, einer Dialektik folgend, die auch die Mariane-Episode durchzieht, der Dichtung *gerade in der gewaltsamen Auslöschung der Kunst* paradoxeste Treue hält. Der Zusammenhang, der zwischen den beiden Möglichkeiten, die Tat des »Fremden« zu verstehen, besteht, läßt sich jedoch nicht mehr nur mit dem Blick auf Materialität und Inhalt des Textes durchsichtig machen. Hierzu ist es notwendig, einen Schritt zurückzutreten und sich dem überdachten Bau des Kleistschen Textes zuzuwenden.

– »... gründet in diesem Widerspruch zwischen der glücklosen Vergänglichkeit eines schlechten Daseins und der Notwendigkeit des Glücks, das solches Dasein erträglich macht. Innerhalb jenes Daseins selbst kann die Auflösung nur eine scheinbare sein. Gerade auf dem *Schein*-Charakter der Kunst-Schönheit beruht die Möglichkeit der Lösung...« –

Architektonik / Schein der Erscheinung / Erscheinung des Scheins / Anschein / Gustavgust

Sieht man vom einleitenden Abschnitt der Erzählung einmal ab, der, wie stets bei Kleist, für sich betrachtet werden müßte,[90] so untergliedert sich der Text mit seinen verbleibenden 20 Abschnitten leicht erkennbar in drei Teile.[91] Deren erster erstreckt sich bis zur Schilderung jener Situation, die der Vereinigung unmittelbar vorausgeht. Die zweite, weniger umfangreiche Sequenz endet mit der Andeutung einer erneuten Vereinigung,[92] die genau mit jener ersten korrespondiert, in die aber diesmal der Unterschied von Wachen und Schlafen eingeht.[93] Der dritte und letzte Teil beginnt schließlich mit der überraschenden Wende, die das Geschehen durch das Erscheinen des Negers nimmt, und steht, was seine Länge betrifft, in etwa zwischen der des ersten und zweiten Teils. Die Ausbildung des Erzählfortgangs erweist sich als an zwei Wendepunkte gebunden, die insofern einander opponieren, als der erste einen glücklichen Wechsel einzuleiten scheint, der zweite jedoch mit der »Wiederkehr« Congo Hoangos diese Aussicht nachdrücklich in Frage stellt. Eine solche, sich einzig am angesprochenen Vorstellungsraum der Erzählung orientierende Analyse der Form ist jedoch noch nicht aussagekräftig genug, Aufschluß über die Architektonik des Kleistschen Textes zu geben. Zwar scheint mir unstrittig, daß sich der – täuschend – zwischen Zwei- und Drei-

BKA II 4,10–43
BKA II 4,43–64

BKA II 4,64–91

---

90 Es ließe sich zeigen, daß die verschiedenen Weisen des Erzählens, von denen noch die Rede sein wird, allesamt schon in der Exposition eingeführt werden. Der Einleitungsabschnitt macht denn auch die dichteste Passage des Textes aus.
91 Die Auffassung Kreutzers, *Die dichterische Entwicklung Heinrichs von Kleist*, a. a. O. (Anm. 4), 256, die Erzählung habe keine deutliche Gliederung, ist irrig.

92 Cf. die Bemerkung über das Einsaugen des Atems oben Anm. 80.
93 Dieser Unterschied ist zugleich der zwischen *Name* (»Sie neigte sich sanft über ihn und rief ihn, seinen süßen Athem einsaugend, beim Namen« 64$_{2-3}$) und *Wort* (»[...] hörte sie, zu wiederholten Malen, von seinen glühenden, zitternden Lippen das geflüsterte Wort: Toni!« 64$_{6-8}$).

stöckigkeit schwankende Bau des Hauses,⁹⁴ in dem sich alles zuträgt, in der äußeren Form des Textes reflektiert. Zur Beschreibung der Unterschiede, die zwischen den einzelnen Ebenen bestehen, reicht es jedoch nicht aus, ein einfaches Neben- oder Übereinander zu konstatieren. Bei den drei Teilen der Kleistschen Erzählung handelt es sich vielmehr um exemplarische Ausbildungen von Erzählen, die in ihrer Aufeinanderfolge systematisch und doch frei auseinander hervorgehen.⁹⁵

»Nun weiß jedermann, daß im Jahr 1803, als der General Dessalines mit 30,000 Negern gegen Port au Prince vorrückte, Alles, was die weiße Farbe trug, sich in diesen Platz warf, um ihn zu vertheidigen.« – Der Eingangssatz zum ersten Teil der Erzählung ist in mehrfacher Hinsicht bemerkenswert. Die sieben Kola, die er in die Einheit der Periode versammelt, sind – gegenläufig zu der syntaktischen Unterordnung aller unter das erste – symmetrisch um eine Mitte gruppiert, die durch zweierlei noch besonders hervorgehoben ist: durch ihre auffällige Großschreibung (die alle neueren Ausgaben unterdrückt haben) und den Umstand, daß sie nur aus einem einzigen, isolierten Wort besteht. Wenn es aber in der Erzählung generell um das Problem des Grundes von Entgegensetzung und der Überwindung von deren Endgültigkeit geht, so ist unschwer zu erkennen, daß der einleitende Satz die in der Stofflichkeit verhandelte Auseinandersetzung von Negern und Weißen formal reflektiert. *Jenseits* des betonten und abstrakte Totalität anzeigenden Terminus im Zentrum des Satzes ist vorzugsweise von den Negern, *diesseits* hingegen von jenen die Rede, die, wie es bereits vorsichtig heißt, »die weiße Farbe trug[en]«. An die Wahrnehmung dieser symmetrischen Opposition lassen sich weitere Detailbeobachtungen anschließen. So berichtet die erste Hälfte des Satzes von einem offensiven Tun (»vorrückte«)«,⁹⁶ die zweite Hälfte hingegen – mit der Angabe eines immanenten Zweckbezugs – von Abwehrmaßnahmen (»um ihn zu vertheidigen«).⁹⁷ Und nur auf der einen Seite werden Eigennamen genannt und zwei Zahlenangaben gemacht. In dieser Konstellation aber ist der ganze Satz nichts anderes als eine sprachliche Darstellung jener vollständigen und mörderischen Dis-Junktion, die vom Erzähler schon im Eingangssatz der Exposition namhaft gemacht wird.

BKA II 4,10 f.

Den innerhalb des Satzes entfalteten Bezügen ist die Interpretation damit jedoch noch keineswegs gerecht geworden. Wenn im

---

94 Vgl. die widersprüchlichen Reden vom »unteren« und »vorderen« Wohnzimmer, die von ein und derselben Stelle aus sich auf ein und denselben Raum beziehen (58 ₁₁₋₁₂; 60 ₁₆₋₁₇).
95 Am reinsten ausgeprägt sind die Weisen des Erzählens in den »Unwahrscheinlichen Wahrhaftigkeiten« (*BA*, 2. Jg., 49 ff.), die als die verbindliche Erzählpoetik Kleists gelten können.

96 Die Ambiguität der Präposition »gegen« bringt dabei die Widersprüchlichkeit dieses Tuns zum Ausdruck.
97 Zu achten wäre außerdem auf den Unterschied des mit dem Widerstand der Erde kämpfenden »Vorrückens« von einem »Sich-Werfen«.

zweiten Teil der Erzähler mit der Rede von der »Farbe« den Unterschied zwischen Äußerlichkeit und – hier bezeichnenderweise unbestimmtem – Wesen akzentuiert, im ersten Teil jedoch einfachhin von »Negern« gesprochen wird, so zeigt dies – wie im übrigen natürlich auch die Verwendung des Reflexivpronomens –, daß die Entgegensetzung zwischen »Negern« und »Weißen« keine unmittelbare ist. Ihre spezifische Gestalt läßt sich angeben, wenn man auf eine weitere semantische Eigentümlichkeit des Textes achtet. Interessant ist nicht etwa nur die unübliche Wendung vom *Sich-Werfen*, die in der Tat eingehender Auslegung bedürfte. Es ist vor allem ungewöhnlich, daß der Erzähler die Formulierung wählt, Alles, was die weiße Farbe trug, habe sich »*in diesen Platz*« geworfen. Zu erwarten wäre eher gewesen, daß an dieser Stelle von der »Stadt«, dem »Ort« geredet oder schlicht »dorthin« gesagt würde; Ausdrücke, welche der Erzähler zu vermeiden sucht. Ein Grund für diese Wortwahl ist sicherlich, daß die Rede vom »Platz« fachterminologisch in militärischem Kontext begegnet, der dem vorgetragenen recht nahekommt.[98] Der tiefere Sinn der Verwendung des befremdlichen Wortes eröffnet sich jedoch erst, wenn man auf seine Doppeldeutigkeit achtet; ein Tun, das vom Text selbst gefordert wird, denn als der Neger Congo Hoango und Herrn Strömli das erste Mal aufeinandertreffen und letzterer dem Neger und Babekan zuruft, »sie sollten sich ergeben, oder sie wären des Todes!«, wird das Wort »Platz« (bzw. das entsprechende Verbum) in eben jener zweiten Bedeutung gebraucht, die für das Verständnis der Sprachlichkeit des Einleitungssatzes und die Einsicht in seine Poetizität entscheidend ist: »statt aller Antwort«, so fährt dort der Text fort, »riß [Hoango] ein Pistol von der Wand und *platzte es,* Herrn Strömli am Kopf streifend, unter die Menge los«.[99] »Der Platz« meint nämlich, folgt man Adelungs Wörterbuch, auch denjenigen Schall, der entsteht, »wenn ein Körper [...] durch innere Gewalt zersprenget wird«.[100]

BKA II 4,78

BKA II 4,78

Diese zweite Verwendungsweise des Wortes »Platz« in die Interpretation des Einleitungssatzes einzubeziehen, ist *darum* alles andere als willkürlich, weil die Analyse von dessen Darstellung ergab, daß der Satz an sich selbst das Bild einer vom »Alles« her sich in die Extreme ausbreitenden *Explosion* konstellierte.[101] Die zweite Hälfte des Satzes geht mithin nicht darin auf, ein hi-

---

98 Entsprechend der Bedeutung des französischen Wortes *place*. Vgl. Adelung, *Grammatisch-kritisches Wörterbuch der Hochdeutschen Mundart*, a. a. O. (Anm. 11), s.v. Platz, III Sp. 788: »Ein von Menschen bewohnter Theil der Erdfläche, wo dieses Wort von Schlössern, Städten und zuweilen auch von Dörfern, doch nur in Rücksicht theils auf die Befestigung oder Festigkeit, theils auch auf die Handlung, gebraucht wird«.
99 Kleist schreibt: »statt aller Antwort« und unterstreicht so noch einmal, daß das eigentlich Furchtbare des Negers seine Kommunikationslosigkeit ist.
100 Adelung, *Grammatisch-kritisches Wörterbuch der Hochdeutschen Mundart*, a. a. O. (Anm. 11), s.v. Platz, III 787.
101 Eine ähnliche sprachliche Darstellungsweise findet sich auch in der dritten Geschichte der »Unwahrscheinlichen Wahrhaftigkeiten« (*BA*, 2. Jg., 32), die ohne Beachtung ihrer prinzipiellen Selbstbezüglichkeit kaum verstanden werden kann.

storisches Geschehen ins Gedächtnis zurückzurufen: *Selbstreferentiell* und gleichsam quer zum unmittelbar Geäußerten trägt sie die Sprachlichkeit aus, in der artikuliert wird – eine These, die noch durch Anmerkungen zum Gebrauch des Demonstrativums erhärtet werden könnte. Für die Interpretation der Bildlichkeit hat dies weitreichende Konsequenzen. Der Satz ist nun durchgängig in doppelter Weise lesbar. Diejenigen, von denen gesagt wird, daß sie die »weiße Farbe« tragen, von denen man also noch hoffen darf, daß hinter dieser ihrer Äußerlichkeit ein Menschliches sich berge, sind nicht nur die Verteidiger des utopischen Fluchtpunkts »Port au Prince«; sie sind zumal diejenigen, die sich – ein ebenso lebensgefährliches Unternehmen – in den »Platz« der Differenz und der Entgegensetzung werfen, um auch diesen noch »zu vertheidigen«. Der Horizont von Menschsein, der damit in Sicht kommt, ist nicht verstellt durch die Dominanz eines der beiden Bezüge. Ist menschliches Leben, so ist es, mit der doppeldeutigen[102] Formulierung des allerersten Kolons der Erzählung zu reden, »zu Port au Prince«, d. h. immer schon dort *angekommen,* immer erst dorthin *unterwegs.* –[103]

Die Interpretation war bisher im wesentlichen eine *wider* den beständigen Schein, die Sprache beziehe sich im für den ersten Teil der Erzählung exemplarischen Eingangssatz auf Sachverhalte, die auch von anderen Weisen sprachlicher Verlautbarung als der poetischen hätten erreicht werden können. An dem, was ausgesprochen wurde, traten dabei Bezüge zutage, die weit über die Verweisungsfunktionen von Sprache hinausgingen. Sie kamen gleichwohl nur *an ihm* zur Erscheinung. Die Dichtung selbst hat sich innerhalb dieses ersten Teils von ihrem Scheincharakter, der ihr notwendig eignet, noch nicht gelöst. Ihre Selbständigkeit ihm gegenüber ist noch nicht herausgestellt. Daß dies aber so ist, kann als Ausbildung eines nur einseitigen Verhältnisses des Erzählers zu dem von ihm Erzählten begriffen werden.

Schon die Tatsache, *daß* überhaupt erzählt wird, hat zu ihrer Voraussetzung die Trennung von Erzähler und Erzähltem. Diese spricht sich in dem interpretierten Einleitungssatz im konkreteren Unterschied eines als allgemein und zeitunabhängig beanspruchten Wissens und dem vergangenen Geschehen aus, auf das sich dieses Wissen bezieht. Diese Differenz, die sich im übrigen auch in der Hierarchie der Syntax ausprägt, *beherrscht*

–»... vermittelst einer Schiffsbrücke, gesperrt, und die Antwerpner arbeiteten ihrerseits, unter Anleitung eines geschickten Italieners, daran, dieselbe durch Brander, die sie gegen die Brücke losließen, in die Luft zu sprengen. In dem Augenblick, [...] jetzt, verstehen Sie, jetzt geschieht die Explosion ...« –

---

102 Und wie bei jeder doppeldeutigen Formulierung innerhalb poetischer Texte, so gilt für die Interpretation auch hier: »Eine sinnvolle Betrachtung [...] *scheidet* die beiden Seiten nicht etwa, sondern in der einen enthält sie auch die entgegengesetzte« (Hegel, *Ästhetik*, a. a. O. [Anm. 48], I 133).
103 Diesem zweifachen Bezug entspricht die kontrolliert gesetzte materiale Inkohärenz, daß – obwohl man versucht ist zu meinen, »*zu* x leben« bedeute einfach dasselbe wie »*in* x leben« – von der »Pflanzung« und »Niederlassung« gesagt wird, sie befinde sich noch »fünf Tagereisen« von Port au Prince entfernt (19_{18-19}).

den ersten Teil der Erzählung.[104] Daß Kleist sie in ihrer Einseitigkeit und Künstlichkeit bereits hier der Kritik zuführt, indem ein allgemeines Wissen von etwas beansprucht wird, was den Zeitgenossen der Napoleonischen Kriege 1811 schwerlich sogleich gegenwärtig gewesen sein dürfte, soll hier nicht weiter verfolgt werden.[105] Wichtiger ist, daß eine Erzählhaltung, die eine derartig grundlegende Differenz wie die zwischen Erzähler und Erzähltem festschreibt, vom Text selbst überwunden werden muß. Nicht nur würde, gelänge dies nicht, die Art und Weise des Vortrags in dem bereits im Stofflichen, mehr aber noch in der Darstellung kritisierten Gebiet der Dominanz abstraktester Entgegensetzung und also Unmenschlichkeit verbleiben; der äußerliche Schein überdies wäre nachhaltig affirmiert. Daß Kleists Dichtung mit diesem Problem sich auseinandersetzt, belegt schon die zu Anfang der Untersuchung erwähnte Eigentümlichkeit wörtlicher und zugleich indirekter Rede, denn sie verstößt systematisch gegen die Voraussetzungen der als einseitig eingesehenen Erzählweise. Dennoch vermag sie noch nicht zur grundsätzlichen Lösung des Erzählproblems beizutragen – jedenfalls nicht so, daß die Herrschaft des Scheins entschieden gebrochen würde. Hierzu ist es erforderlich, daß der Schein *als Schein* herausgestellt und alsdann auf seine Quelle hin durchsichtig gemacht wird. Den ersten Schritt hierzu macht der Einleitungssatz des zweiten Teils der Erzählung:

BKA II 4,43 »*Was weiter erfolgte, brauchen wir nicht zu melden, weil es jeder, der an diese Stelle kommt, von selbst lies't.*« – Dieser Satz distanziert nicht nur explizit den Schein kausalen Erzählens;[106] er läßt nicht nur erstmals den Erzähler unmittelbar von sich sprechen – in einem Plural, der über alles Rhetorische hinaus, für die virtuelle Gemeinsamkeit von Erzähler und Rezipient einsteht; er rückt nicht nur die Vereinigung, auf die hin in der Stoffschicht alles angelegt ist, bruchartig in die *Idealität;*[107] sein bedeutendster Beitrag zur immanenten Poetik der Erzählung ist darin zu sehen, daß er alles vorherige (und auch künftige) Reden in seiner scheinbar fraglosen Verweisungskraft suspendiert und *als Bestandteil einer geschriebenen Erzählung ausspricht.* Der Schein einfacher Bezugnahme auf Wissen und allgemein bekannte Sachverhalte, der zu Anfang der Erzählung noch ungebrochen auftreten konnte, wird »an diese[r] Stelle« (i.e. nicht:

---

104 Mit der einen Ausnahme der doppelten Gedankenstriche, auf die auf S. 27 hingewiesen wurde.
105 Der hermeneutische Abstand, der in der Zeitdifferenz zwischen 1811 und 1988 liegt, sollte nicht darüber hinwegtäuschen, daß auch eine große Kluft zwischen den Ereignissen, die sich 1803 in der Karibik zutrugen, und der Zeit, zu der Kleists Erzählung veröffentlicht wurde, besteht. Nur wenige Leser Kleists dürften jenes Wissen (»30,000 Negern«[!]) präsent gehabt haben, das der Erzähler der »Verlobung« provokativ als allgemeines reklamiert.

106 Er ist *de facto* schon mit der widersprüchlichen Wendung: »demnach traf es sich« (11,7) negiert. Was *sich trifft*, kennt kein »demnach« – und umgekehrt. Daß der Fremde von der »junge[n] und lieblich[en] Gestalt« der »Mestize« »*um mehr* als einer Ursache willen betroffen« (15,2–3) ist, erhält erst als Kritik des scheinbar allgegenwärtigen, in der Liebe *und* in der Dichtung aber nur begrenzt gültigen Kausalprinzips seine vollständige Bestimmtheit.
107 Dem nunmehr Erzähler und Rezipienten gemeinsamen Bereich.

»an diesem Platz«) *als Schein gestellt*. Die Erzählung emanzipiert sich von seiner Herrschaft.

Kleist hat auch hier mittels eines fast unmerklichen und ganz äußerlichen Zeichens die Aufmerksamkeit des Lesers auf die außerordentliche Reichweite dieses Schrittes lenken wollen;[108] leider ist diese Hilfestellung wiederum den Normalisierungen moderner Editionen zum Opfer gefallen. Das Elisionszeichen nämlich, das sich in jenem Verbum findet, welches alles, was gesagt wurde und wird, als ein *zu Lesendes*[109] enthüllt (»lies't«), ist weder eine *Fehl-Lesung des Setzers* noch gar – was schlimmer wäre – eine Marotte des Autors. Indem es »an diese[r] Stelle« den Ausfall von etwas anzeigt, was de facto dort gar nicht (mehr)[110] vorhanden sein kann, gewinnt es darstellende Kraft:[111] In der Anzeige der Lücke im »Lesen« exponiert es die Scheinhaftigkeit des Materials als solche.

Ist ein solcher Fortschritt in der Weise des Erzählens einmal erreicht, so ist nicht mehr hinter ihn zurückzufallen. Für die Sprache des zweiten Abschnitts zeigt sich das äußerlich schon daran, daß sie ihren täuschenden Charakter des öfteren in der Stoffschicht hervorkehrt. Ein Passus wie: »Doch Toni, deren Brust flog, antwortete hierauf nicht, oder nichts Bestimmtes«, wäre *vor* der Reflexion auf das Erzählen als solches, welche mit dem Beginn des zweiten Teils einsetzt, undenkbar gewesen; akzentuiert diese Periode doch schroff den Unterschied zwischen dem beschreibenden Erzählen und dem Umstand, *daß* beschrieben wird. Zu dieser verwandelten Sprachlichkeit gehört dann auch, daß von Beginn des zweiten Teils an bei Toni jene – mit Bezug auf den Leser explizit – doppeldeutige Weise der Rede begegnet, deren poetischer Charakter in der bewußten Zur-Schau-Stellung der Scheinhaftigkeit des Materials besteht. Ob

BKA II 4,52

---

108 Der Druck in *F* weist dieselbe Eigentümlichkeit auf: Siehe den Apparat zu 43₆.
109 Die Erzählung »Die heilige Cäcilie oder die Gewalt der Musik«, die den Untertitel »Eine Legende« hat, wäre ebenfalls auf dem Hintergrund einer immanenten Selbstreflexion verschiedener Erzählweisen auszulegen.
110 Adelung, *Grammatisch-kritisches Wörterbuch der Hochdeutschen Mundart*, a. a. O. (Anm. 11), s.v. lesen, III Sp. 2032 f., notiert zwar noch die Konjugation »lieset«, doch entspricht diese – gewählte – Form nicht mehr eigentlich dem Gebrauch der Zeit, wie man den Belegen aus Schillers und Goethes Werk im *Deutschen Wörterbuch* von Jacob und Wilhelm Grimm (Bd. IV [1885], Sp. 774–786) entnehmen kann. Die auffällige Elision des von der Sprachentwicklung ohnehin schon elidierten »e« findet sich bei Kleist auch anderwertig. So z. B. in der Handschrift des »Prinz Friedrich von Homburg« (cf. die Regieanweisungen bei Vs. 763, Vs. 1215, Vs. 1307, Vs. 1479, Vs. 1492, Vs. 1514, Vs. 1621, Vs. 1623 – in der kritischen Ausgabe Richard Samuels, *Prinz Friedrich von Homburg*, Ein Schauspiel, Nach der Heidelberger Handschrift herausgegeben von R. S. unter Mitwirkung von Dorothea Coverlid, Berlin 1964). – Daß der Apostroph an »diese(r) Stelle« der »Verlobung« von einiger Bedeutung ist, scheint mir auch die Tatsache zu unterstreichen, daß Kleist in der letzten Überarbeitung der Erzählung das elidierte »e« noch einmal ausdrücklich hervorgehoben hat – im unmittelbar folgenden Satz präzise in jenem Wort, das mit dem Wort »lesen« direkt zusammenhängt (43₆₋₇). Dort heißt es nun nicht mehr (wie in *F* und *s*) »als er sich wieder *gesammlet* hatte«, sondern befremdlich genug, »*gesammlet*«. »Lesen« heißt aber ursprünglich nichts anderes als »sammeln«. Cf. Kluge, *Etymologisches Wörterbuch der deutschen Sprache*, a. a. O. (Anm. 70), s. v. lesen, 436 f.
111 *In nuce* enthält diese Stelle eine Veranschaulichung dessen, was Kleist einmal an Rühle gelobt hat: »Er kann, wie ein echter Redekünstler, sagen, was er will, ja er hat die ganze Finesse, die den Dichter ausmacht, und kann auch das sagen, was er *nicht* sagt.« (*SW [ed. Sembdner]* II 757, Br. 90, An Ernst von Pfuel, Königsberg, Juli 1805).

| | sich Toni gegenüber Babekan äußert, diese werde noch sehen,
BKA II 4,53 | »was sie an ihr für eine Tochter habe«; ob sie dem Knaben Nanky in Aussicht stellt, der Neger Congo Hoango werde ihm, ver-
BKA II 4,59 | fahre er nur so, wie sie ihm auftrage, dies schon »lohnen«; ob sie dann im dritten Teil die Fesselung des »Fremden« vor Babekan und Hoango mit den Worten kommentiert, es sei »beim Himmel« nicht »die schlechteste That, die ich in meinem Leben ge-
BKA II 4,69 | than«: immer ist es der Leser, der den eigentlichen Sinn des von Toni Gesagten versteht, *nicht* die innerhalb der Stoffschicht agierende Person, an die sich die »Mestize«, sie täuschend, wendet.

Der Leser aber ist auf Grund seiner Einsicht in den Bruch des vermeintlich naiven Erzählens aufgefordert, noch einem weiteren Schritt des Textes zu folgen. Wenn nämlich einerseits zu Beginn des zweiten Teils die Sprachlichkeit der Erzählung als eine scheinhafte sich selbst stellt, wenn andererseits gleichwohl mit dem Erzählen fortgefahren wird, dann kann dieses Erzählen auch in einem grundsätzlicheren Sinne nicht mehr dieselbe Qualität haben wie alles vorherige. Macht es ernst mit der erreichten Koinzidenz von Leser und Erzähler – und sofern sich diese über die Öffentlichkeit der poetischen Sprache vermittelt, ist *sie* die »Verlobung in St. Domingo«[112] –, so darf es in seinem weiteren Vollzug die gemeinsame Gegenwart beider nicht mehr preisgeben. Gelingen kann ihm dies aber nur, wenn es dem Leser zumutet, den gesamten zweiten Abschnitt, der nur scheinbar nahtlos an den ersten anschließt, als den sprachlichen Versuch zu begreifen, *die Exposition des Scheins innerhalb des Erzählens mit Hilfe des Erzählten zu bestimmen*. War, mit anderen Worten, im ersten Abschnitt der Schein herrschend, als ginge die Sprache kraft ihres verweisenden Potentials auf etwas *außerhalb* ihrer selbst, so wird nun umgekehrt das, wohin das Erzählen dabei als Folge eines Ereignisses *innerhalb* der Sprache geriet, vermittels der Referenz auf Gegenstände und Sachverhalte der Außenwelt beschrieben. Der Kameramann wird, wenn man so will, von nun an mitgefilmt, und die Szene samt Requisiten sagt etwas über seine Arbeit. Was sich einer ersten

– »Das *Wehe*thun*wollen*, die *Lust an der Grausamkeit* – hat eine große Geschichte ... selbst in den Kunstwerken sind solche Züge, welche die Absicht auf die Nebenbuhler einübt. Oder wie bei Heinrich von Kleist, welcher mit seiner Phantasie dem Leser Gewalt anthun will; auch Shakespeare.« –

Lektüre als eine Entwicklung in Tonis Charakter darstellen konnte, ist in Wahrheit ebenso die über die sprachliche Materialität zu sich kommende Selbstreflexion eines von der Herrschaft des Scheins emanzipierten Erzählens.[113]

Der erste Teil der Erzählung war wesentlich durch den Schein der Erscheinung bestimmt, der zweite hingegen durch die Erscheinung des Scheins. Zwischen beiden Weisen des Erzählens

---

112 Und das läßt die weitere Vermutung zu, der Text selbst sei es, von dem Kleist meinte, daß er *dem Herrn zugehöre*.
113 Auch die Umkehrung im Einsaugen des Atems – eine *Atemwende* –, auf die in Anm. 80 hingewiesen wurde, ist hierdurch motiviert.

liegt eine abgründige Kluft, aus der heraus – »wenn die Erkenntniß gleichsam durch ein Unendliches gegangen ist« – dieser reflektierte Umschlag sich zutragen konnte. Soll die erzählende Sprache nicht wiederum in einer Opposition stecken bleiben, so muß sie sich zuletzt auch noch diesem Riß und Grund zuwenden. Dabei ist auszuschließen, daß dies mit den Mitteln der bislang entfalteten Sprachlichkeit geschehen kann. Denn die Reflexion, die die Erscheinung des Scheins freisetzte, war zumal jene, die den Erzähler als Erzähler, das Erzählte als Erzähltes, das Erzählen als Erzählen ins Bewußtsein hob. Alle *einfache* Rückwendung zu diesem Ereignis, die nicht in Rechnung stellte, daß sie von diesem her überhaupt erst ermöglicht ist, hätte daher in etwa den Status jenes Verhaltens, den die Rede von der »Wuth« auf der Ebene der Stofflichkeit des Textes bezeichnet. Die Sprache des letzten Teils reflektiert, um dies zu vermeiden, noch einmal den Stand der poetischen Entwicklung, indem sie zum einen im *Anschein* das Moment der ungeschiedenen Einheit von Schein und Erscheinung, indem sie außerdem in der *gewaltsamen* Durchstoßung des Scheins deren Auseinanderklaffen betont. Im Zugleich dieser beiden Artikulationsweisen von Sprache erst zeichnet sich eine dritte Möglichkeit von Rede ab, die von keiner Entgegensetzung – auch nicht mehr der von Differenz und Identität – betroffen ist. Den ersten Schritt in Richtung auf eine solche Sprachlichkeit macht der Text, indem er das Wissen um das Unmögliche eines einfachen Zugangs zu dem, von woher er ist, ausspricht.

»*Aber wer beschreibt das Entsetzen, das wenige Augenblicke darauf ihren Busen ergriff, als sie plötzlich, im Innern des Hofraums, ein Geräusch von Menschen, Pferden und Waffen hörte, und darunter ganz deutlich die Stimme des Negers Congo Hoango erkannte, der unvermutheter Weise mit seinem ganzen Troß aus dem Lager des Generals Dessalines zurückgekehrt war.*« – Wenn der dritte Teil des Kleistschen Textes mit einem Kolon beginnt, welches mit allem Nachdruck nach dem beschreibenden Subjekt fragt (und dahinter versteckt: nach der Möglichkeit beschreibender Rede überhaupt), so ist auch dies nicht etwa ein äußerlich rhetorisches Tun: Der Text artikuliert mit dieser Frage konzise die fortgeschrittene Problematik des Erzählens, und demgemäß ist auch die Rede vom »Entsetzen« in der Nachfolge und auf dem Hintergrund der entsprechenden vom »Platz« und der »Stelle« zu lesen. Da zudem die Gestalt der Toni im Durchgang durch den zweiten Teil der Erzählung auch als Allegorie einer ihrer selbst bewußten Kunst lesbar wurde, erweist sich der Einsatz des dritten Teils mit seiner Frage nach dem Beschreiber des Ent-Setzens als Beginn einer tiefgreifenden Reflexion auf das Ereignis in der Fuge des Erzählens zwischen Teil 1 und Teil 2. Der Weg durch die ersten fünf Kola ist selbst einer des Ent-Setzens, insofern auch Toni, die zunächst nur von oben herab

– »*Entsetzen*, verb. reg. act, welches noch in einer dreyfachen Bedeutung üblich ist. 1) Von einem Amte setzen, eines Amtes berauben, mit der zweyten Endung der Sache und der Voraussetzung eines begangenen Fehlers. [...] 2) Einen belagerten Ort durch Anrückung mit einem Corps Truppen von der Belagerung befreyen, die Belagerer zu Aufhebung der Belagerung zwingen. [...] 3) Einen mit Erstaunen verbundenen hohen Grad des plötzlichen Schreckens, oder Abscheues über ein gegenwärtiges Übel empfinden [...]« –

BKA II 4,64 f.

Zeuge des Geschehens ist, von der Aufeinanderfolge der Kola in den Hof ent-setzt wird (»als sie plötzlich, im Innern des Hofraums«). Das Wort »darunter« beginnt im Lichte dieser hinabstürzenden Bewegung des Ent-Setzens[114] in *seiner Doppeldeutigkeit* zu sprechen, und die Sprache läßt sich nicht mehr problemlos nach Seiten von Subjekt und Objekt auseinanderlegen: Ob die Stimme des Negers »ganz deutlich« *zu erkennen* war oder ob sie selbst »ganz deutlich« *war*, muß unausgemacht bleiben. Und dies ist nicht etwa ein negativer Befund; hier manifestiert sich die *eine* Weise sprachlicher Artikulation, die für den dritten Teil überhaupt charakteristisch ist: die des Anscheins. Schein und Erscheinung sind in ihr nicht mehr voneinander abzuheben.[115] Die Textur des dritten Teils aber wird von der Sprache des Anscheins vollständig durchgriffen.

Der folgende Abschnitt der Erzählung beginnt mit dem auf das Auftauchen Congo Hoangos rückbezüglichen Satz: »Toni, vor deren Augen sich, während weniger Minuten, dieser ganze Auftritt abgespielt hatte, stand gelähmt an allen Gliedern, als ob sie ein Wetterstrahl getroffen hätte, da.« An ihm ist faktisch nicht mehr entscheidbar, ob »vor deren Augen« *metaphorisch*, und d. h. im Sinne dessen gelesen werden soll, was zwei Abschnitte zuvor noch »Einbildung« genannt wurde, oder ob diese Wendung wörtlich verstanden werden will; was zu einer erstaunlichen Konsequenz führt. Denn: In dieser charakteristischen Überlagerung von Realität und Idealität steht – der sich über den gesamten dritten Teil der Erzählung erstreckenden Bedeutung der zitierten Stelle wegen – *alles*, was auf den folgenden Seiten noch gesagt werden wird – also auch noch der Bericht vom Tod der Toni und des »Fremden«.[116] Wie das Verhältnis vom ersten zum zweiten Teil der Erzählung als kausales unzureichend beschrieben ist, so auch das des zweiten zum dritten: »Inzwischen« liegt auch hier eine grundsätzliche Reflexion auf alles vorherige Reden.

Diese Verschiebungen innerhalb des Textsinnes fallen nur bei aufmerksamem Lesen auf. Das hängt damit zusammen, daß sich der Erzähler auf spezifische Weise zum sprachlichen Anschein verhält. Er legt ihn nicht nach der einen oder anderen Seite hin auseinander, sondern übersteigt ihn, indem er, wie man unter Rekurs auf die Stofflichkeit sagen könnte, Toni

---

[Linke Spalte, Zitate in Fraktur:]

120

nun Nicolo die Lettern, welche seit mehreren Tagen auf dem Tisch lagen, in die Hand nahm, und während er, mit dem Arm auf die Platte gestützt, in trüben Gedanken brütete, damit spielte, fand er — zufällig, in der That, selbst denn er erstaunte darüber, wie er noch in seinem Leben nicht gethan — die Verbindung heraus, welche den Namen: Colino bildet. Nicolo, dem diese logogriphische Eigenschaft seines Namens fremd war, warf, von rasenden Hoffnungen aufs neue getroffen, einen ungewissen und scheuen Blick auf die ihm zur Seite sitzende Elvire. Die Uebereinstimmung, die sich zwischen beiden Wörtern angeordnet fand, schien ihm mehr als ein bloßer Zufall, er erwog, in unterdrückter Freude, den Umfang dieser sonderbaren Entdeckung, und harrte, die Hände vom Tisch genommen, mit klopfendem Herzen des Augenblicks, da Elvire aufsehen und den Namen, der offen da lag, erblicken würde. Die Erwartung, in der er stand, täuschte ihn auch keineswegs; denn kaum hatte Elvire,

BKA II 4,66

BKA II 4,64

78

schieden, Herr Strömli wahrscheinlich Alles schon zum Rückzug anordne, zu folgen. Aber Vetter August, halb im Bette aufgerichtet, drückte ihnen freundlich die Hand; im übrigen war er still und zerstreut, und statt die Pistolen, die sie ihm darreichten, zu ergreifen, hob er die Rechte, und strich sich, mit einem unaussprechlichen Ausdruck von Gram, damit über die Stirn. Die Jünglinge, die sich bei ihm niedergesetzt hatten, fragten: was ihm fehle? und schon, da er sie mit seinem Arm umschloß, und sich mit dem Kopf schweigend an die Schulter des Jüngern lehnte, wollte Adelbert sich erheben, um ihn im Wahn, daß ihn eine Ohnmacht anwandle, einen Trunk Wasser herbeiholen: als Toni, den Knaben Seppy auf dem Arm, an der Hand Herrn Strömli's, in das Zimmer trat. August wechselte bei diesem Anblick die Farbe; er hielt sich, indem er aufstand, als ob er umsinken wollte, an den Leibern der Freunde fest; und ehe die Jünglinge noch wußten, was er mit dem Pistol, das er ihnen jetzt aus der Hand

---

114 Das erste Kolon der folgenden Periode lautet bezeichnenderweise »Sie stürzte« (65₂).
115 Die Rede vom »Als-Ob«, die – wohl durch Vaihingers Kant-Buch veranlaßt – nicht selten zur Umschreibung des *Erscheinungs*begriffs herangezogen wird, gehört mit mehr Recht zum Begriff des Anscheins. Sage ich: »Es ist, als ob x ...«, so kann weder ausgeschlossen werden, daß der Sachverhalt x vorliegt, noch, daß dieses Vorliegen nur Schein ist. Der Anschein hat sein Wesen in der Unentscheidbarkeit dieser Disjunktion.
116 Eigentlich ist schon damit der Kollaps der herkömmlichen Vorstellung von Kleists Erzählen mit Nachdruck vom Text selbst indiziert.

glaubt.[117] Dennoch bleibt auch dies noch ein einseitiges Verhalten, denn auf diese Art und Weise ist erst das Moment der *Einheit von Schein und Erscheinung* zur Geltung gebracht. Als solches aber ist es gleichwohl in seiner Unterschiedenheit von der Sprache des ersten und zweiten Teils aufzunehmen, und es hat Konsequenzen für Textverständnis und Textkonstitution nach sich gezogen, daß diese Unterschiedenheit in der Forschungsliteratur zu Kleists Erzählung übersehen wurde.

Daß sie nicht hätte übersehen werden dürfen, rührt von dem anderen Extrem her, in welches Kleist das Erzählen im letzten Teil treibt. Schwerlich ließe sich ein gewaltsameres Durchstoßen des Scheincharakters erzählender Sprache denken als die plötzliche Veränderung des Namens einer Hauptperson. Zu diesem Mittel greift Kleist in der »Verlobung in St. Domingo«, und daß dies in neueren Ausgaben von Kleists Werken unterdrückt wird, verdeutlicht einerseits das Mißliche der traditionell unvermittelten Arbeitsteilung von Edition und Interpretation; andererseits die Weigerung, sich Kleists Text tatsächlich auszusetzen. Ist es schon nach allen Regeln der Wahrscheinlichkeit eine unhaltbare Annahme, Kleist habe in allen drei vorliegenden Drucken – im »Freimüthigen«, im »Sammler« und in der Buchausgabe seiner Erzählungen von 1811 – jeweils an denselben Stellen viermal hintereinander »irrtümlich«[118] statt »Gustav« »August« durchgehen lassen, so hätte überdies die Erinnerung an Kleists »Findling« ein Einebnen der Abweichung verhindern müssen. Denn der dort direkt ausgesprochene anagrammatische Bezug der Namen »Nicolo« und »Colino« (ihre »logogriphische Eigenschaft«), daß sie sich nämlich durch Umstellung der Buchstaben ineinander überführen lassen, ist derselbe wie jener, der zwischen den Namen »Gust-av« und »August« besteht.[119]

BKA II 4,76; 83; 84

Daß sich die Textinterpretation, mit den Worten von Kleists Text zu sprechen, in diesen *Platz des Scheins* wirft, um ihn zu verteidigen, kann sich jedoch von solchen textexternen Argumentationsgängen auch weitgehend unabhängig halten. Eine Verteidigung der Namensänderung wäre gleichermaßen notwendig gewesen, hätte Kleist nicht derart offensichtliche Hinweise auf deren Begründetsein gegeben. Im Zuge der bisherigen Auslegung nämlich ist die Vertauschung von Namensanfang und Namensende als gewaltsame Destruktion des Scheins zu begreifen, es handle sich bei Kleists Erzählung um »realistische«

---

117 Wobei der Glaube in diesem Kontext mit der Fähigkeit zur »Übernahme« einhergeht.
118 So *SW (ed. Sembdner)* II 905.
119 Dabei bleibt ganz unerheblich, ob man, dem heutigen Stand des Wissens entsprechend, annimmt, »Gustav« und »August« seien vollständig verschiedene Namen, oder ob man – Adelungs *Grammatisch-kritischem Wörterbuch der Hochdeutschen Mundart*, a. a. O. (Anm. 11), s.v. Gustav, II Sp. 851, folgend – mit Kleists Zeitgenossen davon überzeugt ist, die Namen seien solche Eines Ursprungs.

Rede innerhalb des gewöhnlichen Sprach- und Weltverständnisses. In sich selbst ihren eigenen Schein zerstörend, kehrt die poetische Sprachlichkeit der Dichtung hier ganz abstrakt ihre Autonomie und freie Selbstbezüglichkeit nach außen – man mag sich ausmalen, wie verzweifelt ein Autor gewesen sein muß, der zu einem solch rabiaten Mittel greift, um Einspruch zu erheben.

Was eine Unterdrückung dieses Textbefundes für eine Edition und Interpretationen, die unkritisch an sie anknüpfen, bedeutet, mag aus einigen abschließenden Bemerkungen hervorgehen, die sich an die Kontextbestimmtheit der Namensänderung anschließen lassen. Kleist hat diesen zerstörerischen Kunstgriff durchaus nicht unabhängig von dem eingesetzt, was sich innerhalb der Materialität des Textes zuträgt. Da sowohl Herr Strömli in direkter Rede[120] als auch der Erzähler (an den übrigen drei Stellen) von »August« sprechen, darf man annehmen, daß die Verwendung dieses Namens nicht an eine *bestimmte* Perspektive auf die Gestalt des »Fremden« gebunden ist. Sie richtet sich auf dessen Person. Denn der »Fremde« wird *vom Text* »August« von dem Augenblick an genannt, in dem dieser, innerhalb des Hauses ans Bett gefesselt, allen Glauben an Toni verloren hat, und diese zugleich außerhalb des Hauses der Familie begegnet. Der Augenblick dagegen, in dem er später das erste Mal wieder »Gustav« genannt wird, ist – auch dies bezeichnend genug – der, in dem die Söhne Herrn Strömlis nach der Ermordung Tonis durch »August« versuchen, den »Fremden« ins Bewußtsein seiner selbst und seiner Tat zurückzurufen: »Sie donnerten ihm: Gustav! in die Ohren, und fragten ihn: ob er nichts höre? und schüttelten ihn und griffen ihn[121] in die Haare, da er unempfindlich, und ohne auf sie zu achten, auf dem Bette lag«. Ist aber die Unfähigkeit des »Fremden«, *wider allen Anschein* – so über ihn hinausgehend – *zu glauben*, für den Text Grund, dessen Namen umzukehren, so reflektiert sich das mißtrauische und mörderische Verhalten Augusts noch in jeder Rezeption, Interpretation und Edition des Kleistschen Textes, welche, dem Anschein der Inkorrektheit trostlos verfallend, den Unterschied zwischen Dichtung und täuschendem Schein nicht wahrt.

Der Text ist es auch, der in den Worten der Toni zuletzt – mit den Kleistschen doppelten Gedankenstrichen versehen – noch dreimal die Notwendigkeit seiner eigenen vollkommenen Brüchigkeit und Abgebrochenheit ausspricht. Zunächst so: »aber

BKA II 4,76
BKA II 4,83; 84

BKA II 4,85 f.

---

120 »Vetter August hat mehr als Einem von uns das Leben gerettet; [...]« – Es bleibt unerfindlich, warum weder *SW (ed. Sembdner)* II 188 noch *SW (ed. Streller)* III 207 die Betonung des Wortes »Einem« in ihren Text aufnehmen.

121 So in *E* statt dem intransitiven und unanschaulicheren »ihm«, wie es einträchtig *SW (ed. Sembdner)* II 193 und *SW (ed. Streller)* III 211 konjizieren.

das Mädchen, das sich mit der Hand krampfhaft die Wunde hielt, drückte die Freunde hinweg, und „sagt ihm –!" stammelte sie röchelnd, auf ihn, der sie erschossen, hindeutend, und wiederholte: „sagt ihm – –!"«, worauf Herr Strömli mit gutem Grund, und ohne daß der Text seine Rede mit Schlußzeichen versieht, *feststellt:* »„Was sollen *wir ihm* sagen? fragte Herr Strömli, da der Tod *ihr* die Sprache raubte.« Sodann, allen Gedanken an Kausalität abschneidend: »„Ach!" rief Toni, und streckte, mit einem unbeschreiblichen Blick, ihre Hand nach ihm aus: „dich, liebsten Freund, band ich, weil – –!"« Und schließlich, in einem ver-rückten Satz, in dem sich der Erzähler nach der Wiedergabe der diesmal von einem Komma gefolgten Interjektion »Ach« »inzwischen« einschaltet und *nur dem, der diesen Text liest,* meldet: »und dies waren ihre letzten Worte: „du hättest mir nicht mißtrauen sollen"«. – In diesen Augenblicken der Rezeption ist es, daß sich Kleists Text »unauslöschlich« in die Seele prägt. Die Literaturwissenschaft aber wäre gut beraten, revidierte sie das Vorurteil, poetische Texte seien einzig *Gegenstand* von Wertung. Es gibt unter diesen auch solche, die, indem *sie* wertend durch eine Zeitspanne von nun schon mehr als 175 Jahren hindurchgreifen, ein Urteil über ihre Rezeption sprechen.

BKA II 4,85

BKA II 4,86

BKA II 4,87

Poetischer Text / »realistische« Darstellung / Edition und Interpretation

Goethes Bemerkung, die Poesie *scheine* »auf ihrem höchsten Gipfel [...] ganz äußerlich«,[122] trifft vielleicht auf keine andere Dichtung deutscher Sprache – die Goethes eingeschlossen – bestimmter zu als auf die Dichtung Kleists. Auslegungen, die sich auf die Analyse stofflicher Momente seiner Texte beschränken, werden daher in Gefahr geraten, den Gehalt und die eigentümliche Poetizität des Kleistschen Textes zu verfehlen. Einseitige Rezeption widerfährt zwar zuweilen auch Arbeiten anderer Autoren – ohne daß dies jedoch sogleich negative Auswirkungen auf die Textgrundlagen haben muß. Bei den Werken Kleists aber – und speziell den »Erzählungen« – besteht die Gefahr, daß eine mißglückte Rezeptions- und Interpretationsgeschichte am Ende in Editionen einen Text festschreibt, der nicht authentisch ist. Verantwortlich hierfür sind im wesentlichen drei Mängel literaturtheoretischer Reflexion: Das Fehlen eines hinreichend differenziert ausgearbeiteten *Text*begriffs; das Fehlen einer adäquaten Begrifflichkeit zur Bestimmung dessen, was bei

– Er durfte nicht fehlen, hat er doch aller Wahrscheinlichkeit nach mehr von Kleist verstanden als die anderen... und ihn deshalb gefürchtet?
»Wenn das *taedium vitae* den Menschen ergreift, so ist er nur zu bedauern... Ich weiß recht gut, was es mich für Entschlüsse und Anstrengungen kostete, damals den Wellen des Todes zu entkommen, so wie ich mich aus manchem spä-

---

[122] J. W. v. Goethe, *Maximen und Reflexionen* (ed. Hecker), Weimar 1907, Nr. 510: »Der Dichter ist angewiesen auf Darstellung. Das Höchste derselben ist, wenn sie mit der Wirklichkeit wetteifert, das heißt, wenn ihre Schilderungen durch den Geist dergestalt lebendig sind, daß sie als gegenwärtig für jedermann gelten können. Auf ihrem höchsten Gipfel scheint die Poesie ganz äußerlich; je mehr sie sich in's Innere zurückzieht, ist sie auf dem Wege zu sinken.«

> tern Schiffbruch auch mühsam rettete und mühselig erholte. Und so sind nun alle die Schiffer- und Fischergeschichten...« Und weiter, lies genau, eine Selbstbezichtigung: »Laß mich noch eine Bemerkung hinzufügen. Die meisten jungen Leute, die ein Verdienst in sich fühlen, fordern mehr von sich als billig. *Dazu werden sie aber durch die gigantische Umgebung gedrängt und genöthigt.* Ich kenne deren ein halb Dutzend, die gewiß auch zu Grunde gehn und denen nicht zu helfen wäre, selbst wenn man sie über ihren wahren Vortheil aufklären könnte.« –

Kleist mit Recht »Realismus« genannt werden kann; das Fehlen textinterpretatorisch angeleiteter Argumentation bei der Konstituierung des kritischen Textes.

Für die Dichtung ist die Sprache des Alltags Material.[123] Ebenso die Weise, wie man sich mit und in dieser verständigt und auf Gegenstände der Welt bezieht. Daß ein Text ein *poetischer* ist, kann sich mithin nicht an dem zeigen, was in ihm sprachlich-material *benutzt* wird, denn eben dieser Gebrauch von Semantik, Syntax und Pragmatik unterschiede ihn nicht von anderen Textarten (Telefonbüchern, Beipackzetteln etc.). Der poetische Text beginnt erst dort, wo er das ihm eigene und als eigenes allererst von ihm hervorzubringende Material zur Form reflektiert, als reflektiertes darstellt, als homogenen Inhalt gewinnt und sich in Materie, Form, Darstellung und Inhalt ausbildet; ein sich selbst fortbestimmender Vorgang, von dem sich darlegen ließe, daß in ihm das *kritische* Potential von Dichtung überhaupt begründet liegt. Die Reflexion des sprachlichen Materials zu Form, Darstellung, Inhalt und Bild[124] ist poetischen Texten unabdingbar, individuiert sie allererst und macht ihre entschiedene *Autonomie* aus. Diese Autonomie ist eine prinzipieller Selbstbezüglichkeit, sind es doch die Texte selbst, die sich in ihrer immanenten Verfaßtheit aus sich heraus ausbilden. Entgegen einem naheliegenden Mißverständnis beziehen sich poetische Texte damit jedoch keineswegs l'art pour l'art und gehaltlos auf sich zurück. Im konkreten und autonomen Verhältnis zu sich selbst erreichen sie vielmehr überhaupt erst die notwendige Selbständigkeit gegenüber dem, was ist, welche der kommunikativen Freiheit,[125] der sie sich verdanken, eingedenk bleibt und ihnen die Möglichkeit freigibt, zu Orten der Reflexion von Welt zu werden.

Ein Realismusbegriff, der den Texten Kleists und poetischen Texten im allgemeinen gerecht zu werden vermöchte, darf sich deshalb nicht an den Verweisungsfunktionen orientieren, die von der Alltagssprache immer schon ins Spiel gebracht sind. Zur Artikulationsform und zum *allereigensten* Realismus der Dichtung gehört, daß sie um die Kluft zwischen ihrer autonomen Sprachlichkeit und dem, was ist, wissen muß. Verfiele ein literarisches Werk reflexiv-unkontrolliert der Fraglosigkeit des Gebrauchs von Rede, man könnte nicht mehr von ihm als von einem poetischen Text sprechen. Untersagt ist ihm, um eine Formulierung Hegels aufzunehmen, irgendeine »Außenseite

> – »... und das, was ich in dem Bilde selbst finden sollte, fand ich erst zwischen mir und dem Bilde, nehmlich einen Anspruch, den mein Herz an das

---

123 Aber auch die Sprache anderer (theoretischer oder poetischer) Texte – worin begründet liegt, daß die Rede von »Einflüssen« oder »Quellen« bei der Interpretation poetischer Texte nur mit Vorsicht verwendet werden sollte.
124 Zur weiteren Ausarbeitung dieser textpoetologischen Grundbegriffe vgl. Gerhard Buhr, *Textpoetik und Rezeptions-* *poetik*, a. a. O. (Anm. 19); Roland Reuß, »*Die eigene Rede des andern*«, a. a. O. (Anm. 19).
125 Deren Begriff im Zusammenhang ästhetischer Fragestellungen angemessen zu entfalten, bemühen sich in die Anm. 19 genannten Arbeiten.

sich schlechthin zufällig nach eigenem Belieben ergehen [zu] lassen«.[126] Der Realismus poetischer Texte wird demnach ein immanent *von* und *in* ihnen, *durch* sie hervorgebrachter sein müssen, ein bestimmtes Moment ihrer *mimetischen Darstellung*. Die Verweisung auf Gegenstände der vorfindlichen Welt ist ihm allenfalls Mittel zum Zweck, nicht Zweck an sich.

Zwei Konsequenzen möchte ich festhalten, die in der Perspektive des vorgetragenen Gedankens liegen. Zunächst die allgemeine, daß vermutlich *kein* poetischer Text *ohne* ein Moment von realistischer Darstellung auskommen wird.[127] Zwar mag man feststellen (und hat dies bekanntlich auch schon getan), daß es Epochen gibt, in denen die poetischen Texte ihre realistische Darstellungsart stärker hervorkehren als in anderen; sofern aber *jedem* poetischen Text ein genau bestimmtes (und bestimmbares) Verhältnis seiner Form zur Materie eingeschrieben ist, wird sie gleichwohl auch zu Zeiten, in denen auf der realistischen Mimesis nicht der Akzent der literarischen Darstellung liegt, am Text aufzufinden sein. – Die zweite Konsequenz, die sich aus dem vorgestellten Begriff von poetisch-literarischem Realismus ergibt, verdient bei Überlegungen zu einer textinterpretatorisch angeleiteten Konstitution der Kleistschen Texte noch mehr Aufmerksamkeit. Wenn poetische Texte in ihrer Verweisung auf Gegenstände und Sachverhalte der Welt mit den gewohnten und gebräuchlichen Weisen von Bezugnahme nicht übereinkommen, so sagt dies keineswegs schon etwas über den Modus, in denen *ihr* Realismus sich in ihrer Sprachlichkeit Geltung verschafft. Man mag es für ein bedenkliches Zeichen von Kleists »Unbekümmertheit um Treue des Milieus«[128] halten, wenn er im »Erdbeben in Chili« den Zeitpunkt des Erdbebens auf Fronleichnam legt und sich nicht scheut, idyllische Schilderungen sommerlicher Natur in die Stoffschicht seiner Erzählung zu integrieren, ohne, so die Unterstellung, zu bedenken, daß das Fronleichnamsfest auf der Südhalbkugel der Erde in den Winter fällt.[129] Daß aber die selbst nur materiale, nicht etwa schon an sich realistische Erwähnung des Fronleichnamsfestes – gleichsam im *Fleisch* des Textes – möglicherweise selbst auf die Problematik der Innewohnung des Geistes im Materiellen geht und vielleicht genau deshalb vom Kleistschen Text in ihrer unmittelbar einlösbaren Verweisung auf je schon Bekanntes gebrochen wird, dies kommt unter den Voraussetzungen eines unterbestimmten Textbegriffs erst gar nicht vor Augen. Die allgemeine Frage aber, ob im Materiellen eines sprachlichen Gebildes überhaupt irgendetwas gegenwär-

Bild machte, und einen Abbruch, den mir das Bild that; und so ward ich selbst der Kapuziner, das Bild ward die Düne, das aber, wo hinaus ich mit Sehnsucht blicken sollte, die See, fehlte ganz. Nichts kann trauriger und unbehaglicher sein als diese Stellung in der Welt: der einzige Lebensfunke im weiten Reiche des Todes, der einsame Mittelpunct im einsamen Kreis. Das Bild liegt, mit seinen zwei oder drei geheimnißvollen Gegenständen, wie die Apokalypse da, als ob es Joungs Nachtgedanken hätte, und da es, in seiner Einförmigkeit und Uferlosigkeit, nichts, als den Rahm, zum Vordergrund hat, so ist es, wenn man es betrachtet, als ob Einem die Augenlieder weggeschnitten wären ...« –

---

126 Cf. Georg Wilhelm Friedrich Hegel, *Ästhetik*, a. a. O. (Anm. 48), II 331.
127 Umgekehrt gilt: »Realistische« Texte sind stets auch anderes – und mehr – als nur realistisch.
128 So Hermann J. Weigand, *Das Vertrauen in Kleists Erzählungen*, a. a. O. (Anm. 4), 87, Anm. 4.
129 Ebd.

tig werden kann, was nicht einfach im Bestehenden ohne Rest und Widerstand aufgeht, dürfte zur Fragwürdigkeit noch jedes poetischen Textes gehören.

Für die Edition der Kleistschen Texte birgt der skizzierte Sachverhalt große Schwierigkeiten. Anders etwa als die Dichtung Hölderlins nährt der Kleistsche Text in der Tat von vornerein das Mißverständnis, jenes, was unmittelbar ausgesprochen wird und bei Kleist nur einfache Erzählung eines Geschehens zu sein scheint, sei schon an sich der poetische Text. Die Versuchung, material Ausgesprochenes, das dem herkömmlichen Verständnis vom Erzählen zuwiderläuft, und Formalitäten, die sich gegenüber der Konvention spröde machen, editorisch richtigstellen zu wollen, ist darum vielleicht bei keinem Textkorpus größer als bei dem narrativen Kleists. Die Berliner Ausgabe der Werke Heinrich von Kleists, die mit der Edition der »Verlobung in St. Domingo« beginnt, wird sich demgegenüber bemühen, das am Wegrand der Editionsgeschichte Liegengebliebene wieder aufzusammeln, das Vergessene und Getilgte wieder zum Vorschein zu bringen.

Text ist ihr nicht einfach, was als bedrucktes oder beschriebenes Papier vorliegt, sondern erst *jener* Zusammenhang sprachlicher Momente, der oben als autonomer und selbstbezüglicher vorgestellt wurde. Ihn aufzuschließen, bedarf es aber der Interpretation als der Übersetzung der sprachlichen Eigenbewegung des Textes. Folgt man der wohl am wenigsten umstrittenen Grundregel von Edition, zu konjizieren sei nur dort, wo die Konjektur ausreichend zu *begründen* ist, so wäre für die editorische Arbeit allemal eine Interpretation zu fordern;[130] wie denn umgekehrt Interpretation auf den Text zurückzugehen hat – ein Zirkel, dem sich noch jede Arbeit mit Texten anvertrauen muß.

---

130 Daß im „Kleinen Wörterbuch der Editionskunde" eines neueren Klassikerprojekts das *Stich*wort „Interpretation" nicht einmal mehr verzeichnet wird, gibt zu denken. Überblicks-, Einzelwerk-, Stellenkommentare (wie auch immer sie heißen mögen) führen denn auch eher vom Text weg. Es ist daher kein Wunder, daß sie endlos weitergeführt werden könnten – eine Tendenz, die der mancher neueren Psychoanalyse ähnelt.

Nachweise für die Texte der Marginalienspalte:

Johann Christoph Adelung: *Grammatisch-kritisches Wörterbuch der Hochdeutschen Mundart, mit beständiger Vergleichung der übrigen Mundarten, besonders aber der Oberdeutschen.* — Leipzig ²1793/1801. S. v. entsetzen. Bd. I Sp. 1835 (S. 37)   Theodor Wiesengrund Adorno: *Ästhetische Theorie.* — Ffam. 1970 (= Th. W. Adorno: Gesammelte Schriften. Hg. v. Gretel Adorno u. Rolf Tiedemann. Bd. 7). 10. (S. 28)   *Berliner Abendblätter.* Herausgegeben von Heinrich von Kleist. — Nachwort und Quellenregister von Helmut Sembdner. Wiesbaden 1980. Reprint der von Georg Minde-Pouet im Verlag Klinkhardt & Biermann, Leipzig, veranstalteten Faksimileausgabe von 1925. 1. Jg., 302 [Rez. v. L. A. v. Arnims »Halle und Jerusalem«] (S. 7); 2. Jg., 31 [»Unwahrscheinliche Wahrhaftigkeiten«] (S. 9); 1. Jg., 261 [»Ueber das Marionettentheater«] (S. 11); 2. Jg., 31f. [»Unwahrscheinliche Wahrhaftigkeiten«] (S. 33); 1. Jg., 47 [»Empfindungen vor Friedrichs Seelandschaft«] (S. 42f.)   Johann Wolfgang von Goethe: *Briefe.* — Hg. v. Karl Robert Mandelkow u. Bodo Morawe. 4 Bde. Hamburg ²1968. Nr. 971. An Zelter, 3. Dezember 1812. 212f. (S. 41f.)   Georg Wilhelm Friedrich Hegel: *Grundlinien der Philosophie des Rechts.* — Ffam. 1970 (= G. W. F. Hegel: Werke. Hg. v. Eva Moldenhauer u. Karl Markus Michel. Bd. 7). § 183. 340. (S. 17)   Georg Wilhelm Friedrich Hegel: *Phänomenologie des Geistes.* — Hg. v. Johannes Hoffmeister. Hamburg ⁶1952. 418f. (S. 24)   Franz Kafka: *Der neue Advokat.* — In: Ders.: Gesammelte Werke. Hg. v. Max Brod. Taschenbuchausgabe in 7 Bden. Ffam. 1983. Erzählungen. 111. (S. 8)   Franz Kafka: *Tagebücher 1910 — 1923.* — In: Ders.: Gesammelte Werke (s. o.). Aufzeichnung v. 26. März 1911. 40f. (S. 11)   Immanuel Kant: *Von den verschiedenen Racen der Menschen.* — In: Ders.: Gesammelte Schriften. 4. Abtheilungen. Hg. v. d. Preußischen Akademie der Wissenschaften (Bd. 1 — 22), d. Deutschen Akademie der Wissenschaften zu Berlin (Bd. 23) u. d. Akademie der Wissenschaften zu Göttingen (ab Bd. 24). Berlin 1902ff. Bd. 2. 433. (S. 27)   Heinrich von Kleist: *Das Bettelweib von Locarno.* — In: Ders.: Erzählungen. Zweiter Theil. Die Verlobung in St. Domingo. Das Bettelweib von Locarno. Der Findling. Die heilige Cäcilie, oder die Gewalt der Musik. (Eine Legende.) Der Zweikampf. — Berlin, in der Realschulbuchhandlung. 1811. 86 — 92. Hier: 90. (S. 8)   Heinrich von Kleist: *Der Findling.* — In: Ders.: Erzählungen. Zweiter Theil (s. o.). 93 — 132. Hier: 120. (S. 38)   Heinrich von Kleist: *Die Verlobung in St. Domingo.* — In: Ders.: Erzählungen. Zweiter Theil (s. o.). 1 — 85. Hier: 78 (S. 38)   Herbert Marcuse: *Über den affirmativen Charakter der Kultur.* — In: Ders.: Kultur und Gesellschaft I. Ffam. 1965. 56 — 101. Hier: 86 (S. 29); 86f. (S. 30)   *Meyers Konversations-Lexikon.* Eine Encyclopädie des allgemeinen Wissens. Vierte gänzlich umgearbeitete Auflage. Bd. 11. Leipzig 1888. 357. (S. 25f.)   Friedrich Nietzsche: *Sämtliche Werke.* Kritische Studienausgabe in 15 Bänden. — Hg. v. Giorgio Colli u. Mazzino Montinari. München/Berlin/New York 1980. Bd. 9. 474 (Frühjahr/Herbst 1881). (S. 36)   Ludwig Wittgenstein: *Philosophische Untersuchungen.* — In: Ders.: Werkausgabe in 8 Bden. Ffam. 1984. Bd. 1. Nr. 129. 304 (S. 13)   Ludwig Wittgenstein *Vermischte Bemerkungen.* — In: Ders: Werkausgabe in 8 Bden (s. o.). Bd. 8: Über Gewißheit. 474 (S. 15). 543f. (S. 16)   Johann Heinrich Zedler: *Großes Vollständiges Universal-Lexicon aller Wissenschaften und Künste.* — Halle und Leipzig 1732/50. Bd. XLVII (1746). S. v. Verlobung im Glauben. Sp. 1120. (S. 7)

Editionsplan

I   Dramen

I/1   Die Familie Schroffenstein
I/2   Robert Guiskard
I/3   Der zerbrochne Krug
I/4   Amphitryon
I/5   Penthesilea
I/6   Das Käthchen von Heilbronn
I/7   Die Herrmannsschlacht
I/8   Prinz Friedrich von Homburg

II   Prosa

II/1   Michael Kohlhaas (1989)
II/2   Die Marquise von O .... (1989)
II/3   Das Erdbeben in Chili
II/4   Die Verlobung in St. Domingo (1988)
II/5   Das Bettelweib von Locarno
       Der Findling
       Die heilige Cäcilia
II/6   Der Zweikampf
II/7   Anekdoten und kleinere Erzählungen
II/8   Tagesberichterstattung, politische Schriften

III   Lyrik

       Gesammelte Gedichte

IV   Briefe und Dokumente

IV/1   Briefe 1
IV/2   Briefe 2
IV/3   Briefe 3 / Dokumente

V   Erläuterungen

In unserem Verlag erscheinen außerdem:

Friedrich Hölderlin
Sämtliche Werke. Frankfurter Ausgabe
Historisch-Kritische Ausgabe
Herausgegeben von D. E. Sattler

J. M. R. Lenz
Der Hofmeister
Synoptische Ausgabe von Handschrift
und Erstdruck
Herausgegeben von Michael Kohlenbach

Clara/Robert Schumann
Briefwechsel
Kritische Gesamtausgabe
Herausgegeben von Eva Weissweiler

Robert Schumann
Tagebücher
Kritische Gesamtausgabe
Herausgegeben von G. Eismann und Gerd Nauhaus

Karoline von Günderrode
Sämtliche Werke
Historisch-Kritische Ausgabe
Herausgegeben von Walter Morgenthaler
(in Vorbereitung)

Bitte fordern Sie unsere Sonderprospekte an!
CH-4007 Basel · Oetlingerstr. 19
D-6000 Frankfurt am Main · Holzhausenstr. 4

Stroemfeld / Roter Stern